人を動かす

傾聴力

ぱる出版

Contents
目次

Prologue
序章

CHAPTER 1 ONE

傾聴力で実現できる事

CHAPTER 2 TWO

人の欲求を理解する 共感・承認

CHAPTER 3 THREE

完全なる「相手軸」になる

CHAPTER 4 FOUR

聴くスキル① マインドセットを整える

CHAPTER 5 FIVE

聴くスキル②
相手の会話を膨らませるスキル

CHAPTER 6 SIX

聴くスキル③ 相手の本音に迫るスキル

For a Finale
最後に

本文イラスト　ササキシンヤ

実はカンタン、「聴く」を阻害しているのは「自分」

「人の話を聴くのは難しい」と考えている方は少なくありません。確かにカンタンには思えないかもしれません。でも、ただひたすら「うん、うん」という相づちを打つだけで相手の話を最後まで聴き続けるだけなら、いかがでしょうか。おそらく、そんなに難しい事ではないかと思います。でもそれがなかなか出来ないんですよね。

会話が途切れると、沈黙が生まれます。多くの人は、その沈黙を嫌います。ただ、傾聴能力が高い方は、この沈黙の間の意味を、

「相手が自由に振る舞える時」「相手に主導権がある時」

と考えています。沈黙に耐え切れずに何かを話そうとする。これは誰の為なのかと言うと、自分のためでしかありません。

他にも、何かしらの相談事を持ちかけられた時。相談されると、

「何かアドバイスをしなくちゃいけない」

と潜在的に思ってしまいます。でも本当にアドバイスが必要なのかどうか。実際のところ、相談したい方のお話をひたすら最後まで聴き続けているだけで、

「スッキリした、ありがとう」

と、何のアドバイスもしていないのに好意的な言葉を受け取った経験があるのではないでしょうか。

今度は、「話してくれるより、もっと聴いて欲しい」と思った経験を考えてみましょう。私たちの日常に馴染みがあるのは、美容室での接客です。

「休みの日はどんな事をしているんですか?」を聞かれたので、

「休みは映画を見る事が多いです」と答える。すると、

「映画ですか。僕も映画が好きなんですよ。実は昨日も○○という映画を見て…」と、完全なる**【主役ドロボウ】**的な対応をされた経験もあるのではないでしょうか。この様な日常会話だけではなく、例えばカウンセリング。

「ここを短くしてください」というと、「はい、分かりました」と言われる事もあります。そんな接客をされると、

「えっ、今の私の説明で要望が伝わったの?」「短くって、どれ位だと思っているの?」「思っているよりも切られ過ぎたらどうしよう…」と疑心暗鬼になった経験もあるのではないでしょうか。

私たちは日常から、反面教師的に学ぶ事が多くあります。たとえば今お話しました、美

容室でのカウンセリング。

「ここを短く、との事ですが、もう少し詳しくお話いただけませんか?」とか、「どうして短く切りたいと思っておられるのでしょうか?」

という風に問いかけられたら、いかがでしょうか。きっと、「この人はしっかりと私の事を理解しようとしてくれている」と感じると思います。でもこの美容師さんは、「サービス提供者は、ひと言で理解しなければならない」

と思っているかもしれません。「そこまで説明しなくちゃいけないの?」と言われたくないし、「この人、ホントにプロなの?」と思われたくないという、**【完全なる自分目線】**による思い込みとも言えます。

お客さんの立場からすると「もっと聴いて欲しい」。でも、プロ側は「少しの言葉で理解しなくちゃいけない」とか「言葉にしなくても理解しなくちゃいけない」と過剰に思い過ぎている事があります。この様なギャップが、傾聴を妨げる原因の1つになります。

傾聴というのは、そんなに難しい事ではありません。傾聴を妨げているのは、実は自らの思い込みである事がほとんどです。傾聴力が高い人は、これらの事をよく理解しており、比較的言葉数が少ないにも関わらず、関係性を構築する事に長けています。一般的にも「話す人より、話を聴いてくれる人のほうがいい人だと思われる」という事もありますよね。

自らの「こうであるべきだ」「こうでなければならない」という思い込みがあると、

・**寄せる…（「○○ですよね」「△△ですよね」攻撃）**
・**阻害する…**
・**誘導する…「なんかこの質問に答えたら、ヤバイ気がするぞ…」**
・**遮る…**
・**途中でやめる…「ただ聴いているフリやん！絶対聴いてないやろ！」**
・**決めつける…**
・**勝手に想像する…「そんな事言ってないし！思ってないし！」**

というアプローチをしてしまいます。私たち自身も、目の前の方に対し、「表面的に聴いてはいるけど、最終的にはあなたの目的を達する為に聴いてるだけでしょ」と目の前の相手に感じたなら、表面的な回答しかしなくなっちゃいますよね。

本文内で具体的にお話させていただきますが、「90％聴く事」と「100％聴く事」。この違いが決定的なちがいになります。100％聴けるようになると、いままで見えなかった目の前の方の更なる要望や考え、その他あらゆる事においての理解度が大きく増していきます。

傾聴がうまくできる様になると、他者とのコミュニケーションがとても面白くなります。本人の口から言ってもらいたい、と望んでいる事を言ってもらえる様になっていきます。店員さんとの何気ない会話もそうですし、社内での上司や部下とのやり取り、取引先さんとの会話でも傾聴スキルを高める事を色々と試せますし、成果に変える事もできます。傾聴能力が上がれば、目の前に見えてくる景色が大きく変化していきます。イメージで言うなら、今までは白黒でぼんやりだった景色が一気に高解像度のカラーで見えるようになる感覚です。双方向において良好な関係構築の実現に導いてくれるのが、傾聴の力です。

Prologue 序章 人を動かすには、心を動かす事

人と人との関係性は、今後ますます大切になっていく事が考えられます。今まででであれば、スペック、知識、スキルなどのクオリティで選ばれる事が多くありました。しかし現在は不確実で予測が困難な時代、いわゆるＶＵＣＡ（「Volatility（変動性）」「Uncertainty（不確実性）」「Complexity（複雑性）」「Ambiguity（曖昧性）」）の時代と言われています。言い

換えるなら、正解がない時代とも言えます。

いまでは誰もがカンタンに情報発信ができます。10年前と比べると、とんでもない情報量ですよね。正しいものさえ正しく見えなくなる位です。そしてその情報量に惑わされてしまうのも今の時代の特色の1つです。逆に言うなら、「これさえ信じていれば良い」というものがなくなったと言えます。


たとえば住宅メーカーA社の営業さん。

「弊社は◯◯という素材を使っていて、他社と比較してこの点が抜群に優れています」

この様に言ったとしても、お客さんは他メーカーの話を聴く機会をすぐに作る事ができます。そしてその後に住宅メーカーB社の営業さんが、

「A社さんはそう言われたかもしれませんが、最近は化学の進歩によりそれが覆され…」

みたいに、否定する事もカンタンに出来ます。どちらを信じるか。信じる基準は、スペックではなくなってしまいます。同様に、ダイエットにしろ、健康管理にしろ、これが絶対に正しい、と言い切れるものがない時代なのです。

目の前の方との関係をさらに良くしていく為には、相互理解を高めていく必要があります。一方通行ではうまく進みません。「伝える」事によって、相手には伝わる様になるでしょ

う。ですが、「伝わる事」と「相手が動く事」は、まったくの別物です。
目の前の方が動いてくれないのはなぜか。それは、心が動いていないからです。そしてその心を動かす為には何が必要なのか。高圧的な指示や命令ではなく、目の前の方が自らの想いに気づく事です。そしてそれを実現する事ができるのが傾聴です。一時的なてっとり早さを求めていると、聴く事を軽んじてしまいます。すなわち、相手の意見を軽んじている、もっと言うなら、相手を軽んじているとも言えます。傾聴を実現するには、スキルだけではなく、心を整えておく事が大切です。

Prologue 序章

聴くことができる人、できない人の違い9選

前述のとおり、「聴ける人」「聴けない人」の違いは、スキルに答えがあるのではなく、まず考え方にその問題があります。ではどの様な考えの違いが傾聴力に影響するのか。これについてお話させていただきます。

【聴くことができる人、できない人の違い】

①傾聴の目的を分かっているかどうか

傾聴力を高める事で、何が得られるのか。カンタンに言うなら、**相手が気づいていない気持ちに気づかせる事ができる、**という事です。そしてこれが目の前の方の主体性を生み出します。もし傾聴の目的を「相手を気分よくさせる事」のように捉えてしまっていると、聴く意識がさほどない状態で相手の言葉を何となく聴くだけに留まってしまいます。目の前の方は、内省によって自分の気持ちを言語化しながら話す事により自分の心に気づいていき、それが内発的動機付けという結果を生み出します。

②自分が主役か、相手が主役か

傾聴時の主役は、目の前の方でしかありません。にもかかわらず、聴き手である自分の目的を達する為に聴こうという想いが強すぎると、充分な傾聴を行わずして、自分にとって都合の良い事だけを聴こうとしてしまいます。そうなると、目の前の方は誘導されている感覚を得てしまいます。目の前の方が主役だ、というコミュニケーションを取る様にすると、さらに良好な関係を構築する事ができる様になります。

③無意識の偏見（アンコンシャス・バイアス）に囚われているかどうか

「あの人はいつもこうだから」「売上はたくさん上がるほうが良いに決まっている」「こう

なりたいに違いない」「これが常識だ」などなど、無意識による偏見が作用している事があります。そうなると、目の前の方の個人的な想いを聴き逃してしまいます。ゼロの状態で聴けるかどうか。これが傾聴力の違いになりますし、ここが90％の理解か、１００％の理解かを決定づけてしまいます。

④目の前の人をパターン化してしまうかどうか

これは、専門職などに就いている方や、同じ業界、同じ立場での経験が長い方に比較的多い事かもしれません。たとえばお客さんがひと言発した時に、「はいはい、こういうパターンね。もうそれ以上の説明は不要ですよ」と、ひと言聞いただけで典型的なパターンのどれかに当てはめて考えてしまうというものです。パターン化してしまうと「分かったつもり」になってしまい、その先の傾聴を軽んじてしまう事があります。

⑤相手の「言葉」を聴くか、イメージをするか

ただ単に相手の話を聴く事はさほど難しい事ではありません。ですが目の前の方は、その言葉を使って表現をしたい事が必ずあります。絵を一緒に見ると、共通理解が生まれます。

ですが言葉は、人によってまったく違う解釈になります。相手が話している事を言葉として聴くだけではなく、相手が言っている事をスケッチするイメージで聴いていくと、明確な要素、不明確な要素がハッキリと見えてきます。**言葉はあくまでコミュニケーションツールの1つであり、かつ、コミュニケーションを完璧に行えるものではない**という事を理解する必要があります。

⑥言葉の定義を合わせていない

「海」と言えば、ポジティブにもネガティブにも捉える事ができます。サーフィンが好きでほぼ毎日通っている方の「海」と、「海」で不幸な出来事を連想される方とでは、言葉に対する想いが１８０度違います。何気ない単語ですが、その単語に対する想いは人によって全く違うという事ですね。言葉だけを聴くのではなく、その言葉に対する定義を合わせる所まで聞けるかどうか。これも傾聴力に大きく影響するポイントです。

⑦判断（決めつけ）が早すぎる

「分かった」と「分かったつもり」を分けるのが大きなポイントになるのが、この判断のタイミングです。この判断の早さが、相手に対する理解度の大きな違いになるポイントです。

早合点してしまうと、「この人、聴いてくれない…」と思われてしまいます（途中で口が半開きになる事も…）。それだけではなく、あらゆる事をお互い明確に出来ないので、ハシゴのかけ違いという、根本的な要素を共有できないままに平行線をたどるコミュニケーションになってしまいます。

⑧答えを提供しなければいけないと思っている

具体的には本文内で触れていきますが、傾聴とは、聴いている側に作用する以上に、言葉を発している本人により大きく作用します。傾聴を深める事は両者にとってとても意義のある事になりますが、聴き手が「何かを提供しなければならない」と一方的に思ってしまうと、傾聴よりもアドバイスを優先してしまい、傾聴を軽んじてしまいます。なぜ人の話をよく聴く人は好感度が高いのか。ここにそのヒントが隠されています。

⑨「聴く＝相手をコントロールする事」と捉えていないか

「でしょ」「ですよね」という感じで、**聴き手である自分の目的に寄せていく、もしくは追い込むための呼び水として聴いているだけ**だと、結局は目の前の方が「この人はなんか高圧的な感じがする…」

と感じ、心の扉を閉ざしてしまう事も。自分本位の「聴く」になっていないかどうか。要注意ですね。

Prologue 序章

「聴いてもらえなかった」ある病院の先生とのやり取り

私はこの本を書く5、6年ほど前からスポーツジムに通っています。3年ほど前、ある器具でトレーニングをしている時に、左肩の中で「バキッ」と、何かが切れた様な大きな音がしました。強烈な痛みが走り、その後もずっと痛みが引かない状態が続きましたので、整形外科に行きました。以下、整形外科の先生とのやり取りです。

私　「左の肩が痛くて…」
先生　「なにかの衝撃で、ですか?」
私　「スポーツジムである器具を使っている時に肩を痛めてしまいまして。それからずっと痛いんです」
先生　「それまでは痛くなかったの?」
私　「はい、まったく」

先生「あなた位の年になったら、いきなり痛くなったと言って来る人が多いんだよね。でも年齢的な事を考えると、50肩かもしれないね」
私「それまで全く痛くなかったのに、ですか？」
先生「そんなもんなんだよ。何かのキッカケで痛みが出てくるんだよね」
私「でも僕は、○○という器具を使っていて、その時に肩の何かが切れる様な大きな音がしたので、ケガなのではないかと…」
先生「あなたはもうそんな年齢だから、痛むのは仕方ないよ。たぶん50肩だね」

というやり取りでした。しかしその後も痛みが引かなかったので、ある方に別の病院にいる肩の権威という先生をご紹介頂き、再び診察してもらうと、肩の鍵盤（けんばん）というのがほぼ切れており、手術をしなければいけない状態である事が分かりました。手術後は装具（固定具）を付け、リハビリも1年近く掛かりましたが、今ではまったく痛みはありません。

この様に、その道のプロフェッショナルは、「決めつけをしている事にさえ気づかない」という事がよくあります。前者の先生は恐らく、私の症状を深く理解しようというスタンスではなく、過去の患者さんのパターンの中から私の症状を見出したのでしょう。しかし私の中では、「私は特別な症状を患っているんだ」という気持ちでした。でも目の前の先生にはその想いが伝わりませんでした。後者の肩の権威である先生曰く、この症状を手術せずに放置していれば、歳をとるにつれて可動域がどんどん狭くなり、50肩どころではない状態になっていたようです。ちなみに後者の先生のカウンセリングは、とても細かく、具体的で、私が納得する所までケガの状況や今の症状を聴き続けてくれました。

前者の先生は、聴いていると言えば聴いています。でも「聴き切る」ところまで聴かなかった結果、問題の本質まで到達しなかったと言えます。相手への理解度が不十分な時の理由のほとんどは、**傾聴力の深さが不十分のまま終わってしまっている**という事です。傾聴力というのは、ある、ないという二元論で言える事ではなく、どこまで目の前の相手を深く理解できるか、という事になります。

Prologue
序章

この本を通して学べる事

人と人との関係性は、仕事においても人生においても、とても重要な要素です。

- **営業パーソン vs お客さん（セールス力）**
- **接客の仕事 vs お客さん（カウンセリング）**
- **上司 vs 部下（従業員教育）**

たしかに、セールス力も、カウンセリング力も、マネジメントスキルも大切です。しかしそれ以前に、すべての関係性において共通する大切な要素が1つあります。それは、

【誰もが、自分は人生の主役でありたいと思っている】

という事です。

私たちは、自分の意志で選択し、生きています。そして、そうしたいと思っています。命令に従って生きていたい訳ではありません。とは言え、目の前の方が望む通りに動いてくれないとなると、ついつい先走って言ってしまいますよね。それでも思う様に動いてくれない、という経験はたくさんあるのではないでしょうか。

コミュニケーションにおいて最も大切な事は、**【心の距離感】**です。快適と感じる距離感であれば、意志表示がしやすくなります。しかし窮屈に感じる距離感だと、話すどころか、心を開いてくれません。相手が自らの想いを心地よく伝えられる様にするには、距離感を最適化する事が大切です。

この本は、目の前の相手を自分の思い通りにコントロールするテクニック本ではありません。例えばですが、相手に「はい」と言ってもらいやすくなるという「一貫性の法則」という心理作用があります。ついつい「はい」と言っちゃう質問を最初に数回続けると、その後も「はい」と言ってもらいやすくなるので、相手の同意を得やすくなるというものです。セールススキルなどでも言われる事が多いですね。

この様なアプローチというのは、その場の一時的な作用でしかありません。売りっぱなしセールスには良いかもしれませんが、やがて相手が騙された様な違和感を覚えてしまう事もあります。長期的関係構築に適したコミュニケーションとは言えないですよね。

本来、理想的なコミュニケーションとは、お互いに尊重し合い、お互いに主体性を発揮でき、お互いに向上できるものだと私は考えています。そして、そう願う方がこの本を手に取って頂き、意義ある時間を過ごして頂ける事をイメージし、書かせて頂きました。

またこの本では、難しい専門用語はほとんど使っていません。すぐに実践で活用する事ができる傾聴スキルを、具体的な会話事例を交えながらご紹介させて頂いております。傾聴がうまく行かない時に振り返って読みなおす、実践用参考書のような感覚でご活用ください。あなたにとって良い出会いになる事を心から願っています。

CHAPTER
1
ONE

傾聴力で実現できる事

傾聴力を高めると、どんな事が実現できるのでしょうか？この章では、実際の会話事例を参考にお伝えしています。日常でもこれに近い会話はありませんか？同じシチュエーションでどこまで傾聴が実現できているか、ぜひ想像しながらご覧ください。

CHAPTER 1 ONE

１００回伝えても伝わらない理由

「いったい、何度言ったら分かるんだ！」

社内でこの様な言葉が聞こえてくる事もありますよね。一度伝えた。でも相手は理解していない。なのでもう一度伝えたが、やはり理解していない。なので同じ事を何十回も伝えた。それでも伝わり切っていない…。ここまで来れば、相手の理解度を疑いますよね。

コミュニケーションにおいては、「伝える」という事に重きを置きがちです。例えばですが、「毎回、そもそもの目的から伝える事によってより伝わりやすくなる」という風に、伝え方を工夫しよう、と考える事があるかもしれません。確かに、ただ伝えるよりは伝わる様になるでしょう。ですが、なかなか根本的な改善にはつながりません。伝え方をどれだけ工夫しても、こちらの想いを１００％伝える事はできないものです。

例えば、上司と部下。

「これを30日までに提出するように」

「はい、わかりました」

そして、期日の30日。

「○○さん、あれはどうなった？」

「あっ、やっていません…」

「30日まで、って言ったよね？」

部下や後輩をもった事がある方なら、きっと経験はありますよね。

伝える側は、より意地になって伝えようとします。でも伝わらない。この上司と部下の事例で言うなら、伝わらないどころか、「やりなさい」という言葉を発した上司のほうにこの言葉が強く作用しているのが分かると思います（期日を覚えているのは上司のみ）。
この理由は実はシンプルで、
【言葉は発した本人にもっとも作用する】
のです。なので30日になれば、その言葉を発した上司にその言葉が最も作用している、という事です。１００回言っても伝わらない理由がここにあります。

では、これらを理解した上でどの様なコミュニケーションを取ればよいのでしょうか。カンタンに言うなら、「伝える」よりも「話してもらう」という事ですね。ここで傾聴力が求められます。まずは、「話す」と「聴く」による作用の違いを理解しておきましょう。「話す」側は、考えながら話します。そして自ら発した言葉が自らの耳を通して脳に届きます。目の前の方が「話していたら整理ができました」と言った経験はありませんか。話す側は、「明確になる」「自分に気づく」「整理できる」、そして「責任を持つ」が作用します。**自らの言語化=明確になる=力になる、**という公式ですね。


そして「聴く」側は、相手の理解度を確認できます。

「ここまでを整理する意味でも、今日以降どの様なスケジュールでどう進めていくか、話してもらっていいかな?」

と問いかけると、自らの言葉で、自らの意志で話してくれます。そしてその言葉を通し、聴き手は話し手の理解度が確認できます。自らの言葉で話してもらう事により、「相手が何を理解できているのか」「何を理解できていないのか」が明確になります。あとは不足部分について話し合うという、最低限のアプローチで相互理解を生み出すことができます。過剰に話しすぎると「またしんどい話を聴かされるのか…」となっちゃいますよね。これが心を閉ざす理由になります。まずは「話す」よりも「話してもらう」に重きを置く、という事を心がけてみてください。

「傾聴力」で売れる

【売らない方が売れる】という話です。

私が会社に勤めていた時の実話です。当時はペット関連メーカーの営業でした。あるペットトリミング店に行った時の話です。私がおススメしたかったのは、「超小型犬用のペットフード（新商品）」です。

※この会話では「潜在需要はどこにあるのか」「どういう便宜があれば取り扱いたいか」を相手の言葉で話してもらう事に重点を置いた傾聴を行っています。一般的に多いのが、どうしたら売れるか？と、需要確認よりも売る事を全面的に考えた傾聴です。そう考えて話を聴き進めてしまうと、大切な要素を聴き逃してしまいます。

※要点の会話のみを書いています。

私　「○○（社名）の林田と言います」

店長「いつもお世話になってます（すでに弊社製品を取り扱い頂いてるお店です）」

私　「こちらこそ、いつもありがとうございます」

私「ご商売のほうは、いかがな感じですか？」

店長「ぼちぼちぼちかなぁ」

私「ぼちぼちと言いますと？」

店長「お客さんは増えているんだけど、物販の方があまり伸びてなくて」

私「物販…」

店長「そうなの」

私「ちなみに、どんなお客さんが多いのですか？」

店長「やっぱり小型犬のお客さんが多いですね」

私「小型犬、具体的にはどんなですか？」

店長「最近はやっぱり、プードル、チワワがほとんどかな」

私「プードル、チワワですか。そう言ったお客さんはどんな事を求めているのですか？」

店長「やっぱり、カリカリごはん食べてくれないって人が多くて…（業界の常識です）」

私「そうなんですね」

店長「だからウチでペットフードを買わないお客さんが結構多くって…」

私「買ってくれないんですか。せっかく来店してくれているのに、辛いところですね。
商売的にも大きなロスですし、逆に言えば大きなチャンスにもなり得ますね」

店長「本当、そこなのよ！」

私「でも確かに、小型犬でカリカリごはんを食べないって人はホントに増えてますよね」

店長「そうなのよ」

私「そんな方が御社でペットフードを買ってくれる様になったら、売上は純増になりますし、お客さんとの関係も深まるし、うれしいですね」

店長「そうなるのが理想的なんです。そこを取り込めたらいいんだけどね。でも今まで色々探したんだけど、難しいね…」

私「ちなみに、小型犬に食べムラがある理由って、聞かれた事ありますか？」

店長「ワガママな飼い主が多いし、色んなおやつをあげるから？」

私「確かにそれもそうかもしれませんが（笑）、犬の生理的な見地からの理由です」

店長「ちゃんと聞いた事ないかなあ」

私「実は小型犬は○○○○○なので、だから食べムラがあると言われてまして…」

店長「そうなんだ、知らなかった」

私「なので一時的にはご飯を食べても、その後食べてくれないという事が起こるんです」

店長「そう言う事なんだ、なるほどね～」

私「もし、ですが、そう言った食べてくれないワンちゃんの事をしっかりと考慮した上で作られたペットフードがあるなら、いかがですか」

店長「そんなのがあるなら一度取り扱ってみたいかな」

私「プードル、チワワのお客さんで、ご飯を買ってくれないお客さんがそれで買ってくれる様になったら、数字的にも大きな期待ができますね」

店長「そうね」

私「ちょっと、私からお話させて頂いてもいいですか？」

店長「はい。どうぞ」

私「実は、あまりにもタイミングが良すぎるかもしれませんが（笑）、食べムラのあるいわゆる超小型犬用のペットフードが来月から販売されるんですよ」

店長「へぇー、そうなんだ。どんなの？」

（この後商品の説明）

私「商品についてはご理解いただけましたでしょうか」

店長「はい」

私「お客さんの大半はチワワ、プードル。しかもペットフードを買ってくれない方が大半との事でしたが、トリミングのみ利用されている方がペットフードも買ってくれる様になると、単価もあがるし、健康状態なんかのアドバイスもできますね」

店長「そう、それが出来たらワンちゃんの健康管理の事ももっと話ができるし」

私「ワンちゃんのトータルケアができる、という感じですかね」

店長「そうなの！そうなったらお客さんともっと深い話もできるからね」

私「関係性がより深くなり、お客さんのリピート率にもポジティブに影響しそうですね」

店長「ずっとそんな風になる事を目指しているの」

私「そう言う状態を目指して、弊社の新商品を取り扱ってみませんか？もし必要でしたら、スタッフさん向けの勉強会などもさせていただきますよ」

店長「そうなの？じゃあやってみようかな」

この様に書くと、「そんなにキレイに進む訳ないよ」と思うかもしれませんね。でも、実は私からの問いかけ全てに意味があるとしたら、いかがでしょうか。私から行ったのはセールストークではありません。「共感」「問いかけ」「相手の気持ちを整理する」事で、相手がより話しやすい状況を生み出しています。結果的には、このオーナーさんが自らの意志で「取り扱いたい」という気持ちになって頂けました。強いて言うなら、最後の方に弊社製品を取り扱う便宜（ベネフィット）を添えた程度で、営業らしいトークはほぼしていません。セールスは説得ではなく、相手の想いを思い起こしてもらう事が大切です。

傾聴の意識を最後まで持ち続けた結果、取り扱って頂く事になりました。この会話はきっと、相手に過剰な圧もかからず、心理的安全性が担保された場になっていたかと思います。
【言葉は発した本人にもっとも作用する】とお伝えしましたが、自らの意志を、自らの言葉で発してもらっています。言い換えるなら、自らの想いを整理するお手伝いを傾聴力で支援しているイメージです。相手の思考を整理する事ができるのが傾聴力であり、聴き手は相手に対する理解が深まります。そうなると、ご提案もスムーズになりますので、相手が望む事をご提案するだけですね。

セールスにおいては、相手の需要を明確に理解する事が始まりであり、かつ必須要件だと思います。傾聴を深める事でそれが実現できるという事例でしたが、いかがでしたでしょうか。提案力を磨くよりも、まずは相手を知る力を磨く事ですね。

CHAPTER 1 ONE 「傾聴力」で関係性、相互理解が深まる

上司と部下、営業パーソンとお客さんなど、あらゆる関係においても傾聴力次第で関係の深さが変わります。私の場合、コンサルタントとして中小企業の社長さんとお話する機会が多いのですが、社長にこんな質問をさせて頂く事があります。

「どういう経緯でご商売を始められたんですか？」

「創業から今に至るまで、どんな感じだったのでしょうか」

「どういう想いでこの屋号にされたんですか？」

「今のご商売で実現したい事って、どんな事ですか？」

などなどです。


これらは毎度、作為的に聴いているのではありません。目の前の方の考えを深く理解する為の誘い水的な質問のひとつに過ぎません。商売を通して実現したい事というのは、（ご本人の中で明確になっているかどうかは別として）必ずあります。商売をスタートするにはとてもエネルギーが必要ですから、そこに想いがない訳がありません。この様なご質問をさせていただく事により、今の商売で大切にしている事や、今後何をしていきたいか等、表面的なやり取りよりも大切な事を共有した上でお話を進めていく事ができます。

もちろん、会社にお勤めされている方も同様です。転職してきた人も、今の会社で長く頑張っている人も、ここで働いている理由がきっとあります。しかもその理由は、１つだけではないかもしれません。今までの経験、とりまく環境、大切にしている事は何か、など、そう言った背景情報を「表面的」に聴くのではなく、その方に興味をもった上でしっかりと聴くことで、目の前の方は「受け入れてもらえた」とか「この人はよく分かってくれる人だ」「相談できる人だ」という風に、心を許してもいい存在と思ってもらえる様になります。そうなるとお互いの関係性が深まり、最終的にはかけがえのない存在になる事も可能でしょう。

仕事に直接的な事ばかりに目を向けるのではなく、目の前の方の背景的な要素に耳を傾けてみる。自分の想いを伝えたくなっても、とにかく最後まで聴き切ると、心を開いてくれる様になり「こんな事、誰にも相談した事ないけど…」という言葉が出てくる事もあります。ほかにも、**関係性が壊れかけている人がいるなら、原点に立ち返り、改めてこの様な事を聴いてみると良いかもしれませんね。**

ここでのポイントは**「背景」**です。一見、目の前の事とは関係のない様な事に目を向ける事によって、目の前の方をもっと深い所から理解出来る様になり、かつ、相手の方がより心を許してくれる様になっていきます。そうなると、何気ない会話の充実度もまったく違うものになっていきます。

CHAPTER 1 ONE 「傾聴力」で唯一無二の相談相手になる

この事例も私の仕事上の出来事になっちゃうのですが、これは営業をしている人にも、社内での部下や上司とのやり取りにおいても、同じ様な事ができる事例ではないかと思います。私と、ある社長さんとのやり取りです。

私　「社長、今日はなんか表情がスッキリしていない感じですね」

社長　「そうなんだよ。まあでも、家の事だし、仕事に集中しないとね」

と言わると、「そうですね、じゃあ気持ちを切り替えて仕事のお話をしましょう！」と進みがちですよね。でも、ここでさらに傾聴を深めていきます。

私　「ちなみに、そのスッキリしない感じは、どれくらい前からなんですか？」

社長　「もう2週間くらい前からかな」

私　「何がお有りだったのでしょうか」

社長「あまり人に言う話じゃないんだけど、家庭で○○○（という問題）があって…」

私「そうなんですか。そんな事があったら、他の事に集中するどころではないですよね」

社長「そうなんだよ」

私「もう2週間もそんな心境なんですよね。それ、仕事に集中しないと、とご自身を言い聞かせようとしても、難しくありませんか？」

社長「まあ…、確かにそうなんだよね」

私「僕はそんな事の専門家でもなんでもないですけど、そんな事を横において仕事に集中できる人なんていないと思うんですよ。お話するだけでもスッキリしたり、心の整理がついたりするかもしれませんし、よかったらお聞かせ頂けませんか？」

社長「そうだね、実際しばらく仕事に集中できていないし。具体的に言うと…○○○なんだよ」

私「そう言う状況なんですね。でも社長、それってどうなんですか？」

社長「そうなんだよ。私が○○すれば良いだけの話なんだけどね」

私「まあ僕が決める事でもなんでもないですけど、そうした方が良いとお考えでしたら、そうされるのが良いのかもしれませんね」

社長「そうだよね。分かっちゃいるけど、何もしてなかったし、ちょっと整理できたよ」

私　「整理できましたか。良かったです」

この会話は、ムダでしょうか。1時間も2時間も続くものではありません。早ければ、5分か10分くらいの内容です。この時間を取らずにいきなり仕事の話を進めるのと、この様に少し時間を取った上で話を進めていくのでは、どれだけの違いがあるでしょうか。

仕事とプライベートを完全に線引きできる人はなかなかいないですよね。ちなみに私は、公私混同この上ないタイプです（笑）。そんなに大人になれません。どんな偉大な社長さんでも、例えば子供の事で何か辛い事があったとなるなら、気が気ではないと思うんですよね。そんな時に、

「仕事に集中するしかないですよ」

と切り捨てるとも捉えることができる対応というのは、一般的に多い対応なのかもしれません。でもあえてそこに踏み込み、目の前の方がポジティブになる様な手助け、すなわち「傾聴」を深めていく事によって、他の人とはちがう深い関係を構築できるのではないでしょうか。

唯一無二というと言い過ぎかもしれませんが、そんな状態になれば、人と人との関係性としては素晴らしい状態になっているのだと思います。目の前の出来事以外にも目を向け

る。大切な事ですね。

ちなみにですが、私が現在コンサルタントとして仕事をしていると、家庭内の揉め事なんかもお話いただく事があります。一見、仕事には関係ない事にみえるかもしれませんが、「目の前の方がより仕事に集中して取り組める事」を目的とするなら、私はその様なお話にも耳を傾ける事が大切なのではないかなと思います。

営業さんでしたら、接触回数を増やすなど、「量」を増やす考えに重きを置かれるかもしれませんが、いまは量産の時代ではなく、質が問われる時代に移り変わってきています。会話の質は傾聴の質。傾聴の質は、問いかけの質ですね。

CHAPTER 1 ONE 「傾聴力」で長期的かつ良好な関係が実現する

以降、上司と部下の会話です。

(悪い例)

上司「○○さん、英語の勉強はどう?その後も捗(はかど)ってる?」

部下「ぼちぼち、ですかね」

上司「ぼちぼちって何だよ。やると決めたんだから、頑張らないと!」

部下　「そうですよね…。わかりました」（気持ち的には分かっていない）

（良い例）

上司　「英語の勉強はどう？その後も捗（はかど）ってる？」

部下　「ぼちぼち、ですかね」

上司　「ぼちぼち、そうなんだ。なんか今日、トーンが低いね」

部下　「そうですね、すみません」

上司　「何かあったの？」

部下　「実は昨日、取引先A社のY社長に怒られてしまいまして…」

上司　「Y社長に？」

部下　「そうなんです」

上司　「Y社長と、一体なにがあったの？」

部下　「完全に僕が悪い事なんですけど、ちょっと筋違いの事をやってしまったんです」

上司　「なんなの、筋違いの事って？」

部下　「実は○○○…」

上司　「そうなんだ」（事実を聴くだけで、怒る事なくそのまま聴き続けます）

部下「はい」
上司「この件って、誰かに話をしたのかな？」
部下「いえ、自分が悪いのは分かっているので、誰にも話していません」
上司「そうなんだ。自分で消化しようとしていたんだ」
部下「はい。でも、凹んでいるのでバレてしまいましたね」
上司「そりゃ、誰でもそんな失敗はあるよ。私もたくさん失敗してきたし」（共感）
部下「そうなんですか。でも今回の僕のような事もありましたか？」
上司「いや、もっとひどい失敗をたくさんしてきたよ。それこそ人に言えない様な」
（部下がより話しやすくなる様に視線を合わせています）
部下「そうなんですね」
上司「でも私は、失敗を失敗で終わらせない様には意識したけどね」
部下「どういう事ですか？」
上司「じゃあちょっと聞いてみたいんだけど、今回の失敗でどんな学びがあったかな？」
部下「学びですか。そこまで考えていなかったですが、そう言われたら、△△△ですかね」
上司「△△△ね。たしかにそれは重要な事だよね」
部下「そうですね、今自分で話してみて、改めてそう思いました」

上司「結局、失敗から学ぶ事が大切だし、今の様に考える事が未来につながるよね」

部下「たしかにそうですね」

上司「なので今回は良い勉強になったと考えたら、どうかな？」

部下「そうですね、そう考えたらポジティブになれます」

上司「凹んでいる件は、これでスッキリできたかな？」

部下「はい、ありがとうございます！」

上司「英語の勉強の話から、気づけばこの話になっちゃったけど、英語の勉強についてはその後はどんな感じなのかな？」

部下「毎日30分だけは取って勉強しようとしているのですが、時々抜ける日があり…」

上司「毎日30分、すごいね。でもせっかくだから、抜けずに習慣化したいよね」

部下「そうなんですよ」

上司「抜けない様に出来たら、今のペースでしっかり勉強はできそうかな？」

部下「そうですね、抜けなければ」

上司「じゃあ、抜ける事なく続けられる様にどうするか、一緒に考えてみる？」

部下「はい、そうしてもらえると嬉しいです」

良い例、悪い例を見て、いかがでしょうか。今回はまず、英語の勉強には関係ない話に向かいましたが、耳を傾け続けました。上司部下の関係においては共有しておいた方が良い出来事ですよね。悪い例の様な上司なら、部下はここまで話してくれないでしょう。

上司は立場上、部下を動かさなければなりません。なので悪い例の様に直接的な命令を下す接し方をしてしまうのも気持ちとしては理解できます。でもこれは強制的に人を動かそうとしているアプローチにすぎませんし、こんな上司は部下から相談されなくなってしまいます。共感する気持ちもいっさい感じられませんので、今後しばらく部下は心を開かなくなる可能性が高くなります。

また意外と多いのが、「上長はこうあるべきだ」という、強い自分を表現しようとする考えです。そう考えていると、スキを見せることが出来なくなりますよね。序章でもお伝えしましたＶＵＣＡの時代においては、強い上長よりも、心を開く事ができる上長、すなわち、話しやすい相手である方が相互理解を深めることができるのではないでしょうか。

たったの数分、部下の話を共感とともに深く掘り下げで聴くだけで、部下がポジティブに取り組もうとしてくれます。それだけではなく、日常の業務における出来事を共有してくれました。この様に、部下に対して耳を広げている事が、さらに部下の心を開く事ができますし、もっと相談してくれる様になります。それだけではなく、主体的な思考が少しずつ芽生えていきます。部下は、社内に自分の事を分かってくれる人、共感してくれる人がいると思えますし、それだけで心強くなれます。

この貴重な数分を取るかどうか。時間がないから、または、手っ取り早いからという理由で命令しようと考えてしまうかもしれませんが、短期的視点だけではなく、長期的視点で考えても、この数分で部下が主体的に取り組み続けるかどうかが変わってきます。共感や寄り添いの気持ちをもって相手への理解を深めようとする。こういった事を日々意識している事により、あらゆる事を深く話し合える、長期的で良好な関係を構築できます。

CHAPTER 1 ONE

「傾聴力」で目の前の人が意欲的に動き出す

ふたたび部下と上司のやり取りになりますが、悪い例、良い例をご紹介します。

（悪い例）

上司「将来、どういう自分になりたいの？」

部下「将来、○○のスキルを磨き、△△に困っている方の支援ができたらいいと思います」

上司「そうなんだ。じゃあもっと勉強して早くスキルを身につけないとね！」

部下「そうですね…。」（言わされただけ）

（良い例）

上司「将来、どういう自分になりたいの？」
部下「将来、○○のスキルを磨き、△△に困っている方の支援ができたらいいと思います」
上司「そう言う方の支援がしたいんだ」
部下「そうなんですよ」
上司「ちなみに、それはどうして？」（意外とこの質問ができません）
部下「実は中学生の頃に○○○という経験がありまして…」
上司「そんな経験があったんだ」
部下「そうなんですよ。その経験が僕の人生にとってはとても大きくて…」
上司「なるほど。とても大きく、という事だけど、その経験で何がどう大きいの？」
（この質問も、「分かったつもり」になると、できませんよね）
部下「自分が困っていた時にこんな支援をしてもらい、本当に辛い状態から抜け出す事ができたんです。なのでこれからは逆に、自分がそう言う状態で困っている人を助ける事ができる様になりたいな、と強く思う様になったんです」
上司「そう言う考えに変わったんだ。とても貴重な経験だね」
部下「そうなんですよ。いま思い出し、その時の気持ちがさらに強く蘇ってきました！」

上司「気持ちが蘇る。良い事だね」

部下「ありがとうございます」

上司「○○さんが言う様に、これからはそう言った方を支援できる様になるといいね」

部下「そうなんです！」

上司「じゃあ今の仕事を通してその様な事を実現する為には、どんな事が必要だと思う？」

部下「そうですよね。その為には…」（自らの意志で言葉を発してもらう事が大切です）

部下と上司の関係だけではなく、それ以外の関係においても同じ様な作用があります。的確な質問を繰り返していくと、この部下の方は自分の課題を、自分の意志をもって明確にしていく事ができます。さらにこの事例においては、当時を思い出すという大切な事も含まれています。初心忘るべからずという位ですし、この気持ちが自らに火をつけてくれますよね。

傾聴力って、主体性とは真逆に聞こえませんか？でもこの様に、相手が気づいていない気持ちを呼び起こす事ができるのです。そして傾聴力こそが、この気持ちを思い起こさせる唯一のスキルかもしれません。説得では人は動かないのです。自分の人生は自分で切り開きたい、と思うのは誰でも同じです。皆が人生の主役でいたいですよね。その為には、立場関係なく、相手を尊重する事はとても重要になります。

大切なポイントなので繰り返しお伝えしますと、「伝える」よりも「話してもらう」事で、この様な主体的作用が生まれます。聴く深さの違いで、目の前の方の気持ちが大きく変わります。部下（相手）の主体性って、こういった接し方の違いにも隠れているんですよね。この事例を読んで頂き、どう感じたでしょうか。

CHAPTER 1 ONE 「傾聴力」で、自分の心に気が付く

昔の後輩から、こんな相談がありました（私が退職した後の話です）。

後輩　「転職を考えているんですよ」

私　「転職かぁ。そうなんだ」

（いきなり「なぜ？」とは聴きません。まだ話したそうなので）

後輩　「そうなんです」

私　「もうちょい詳しく聞かせてよ」

後輩　「最近、こっそりと転職活動をしているんですけど、良いかも、と思う会社が2つ出て来まして」

私　「ほおほお。2社？」

後輩　「そうなんです」

私　「で、どうなの？」

後輩　「はい、2つ、どっちにしようかというのと、もう1つの選択肢として、今の会社に残り続けるというのがあって…」

私　「3択で迷ってるって事だね」

後輩　「そうなんですよ。そのあたりを相談できたらと思って連絡させてもらいました」

私　「そうかー。まあでも、結局は自分で納得できる答えを出すのが一番だよね」

後輩　「そうなんですよ。それも分かってるんです。でも何が自分で一番納得いくのか、よく分からなくなってきたんです」

私　「なるほど、色々と考えてきたけど、今後どうしていけば分からないって事だね」

後輩　「はい。ちょっと整理もしたいのと、今まで色々と話を聴いてもらっていたのもあるので、また相談させてもらいたいな、と」

私　「今までの事も踏まえ、一緒に整理していくイメージでいいのかな」
後輩　「はい、そうお願いできたらと」
私　「たしか、転職は３回だっけ？何度かしていたよね」
後輩　「はい、３回ですね」
私　「そうか。今までの転職って、振り返ってどうだったの？」
後輩　「まあ、良かったと思う転職と、そうではない転職はありましたね」
私　「良かった転職の共通点、そうではなかった転職の共通点って、何かあるのかな？」
後輩　「あー、そう言う観点から考えた事はなかったですね。確かに、それを考えるのはアリですね」
私　「ちなみに、どうなの？なんか共通点っぽい事ってありそうなのかな？」
後輩　「うーん…。（しばらく考えて）あっ、そう言えば○○は1つの共通点ですね」
私　「1つのって事だけど、それよりも大きな共通点みたいなものもあるのかな？」
後輩　「うーん…。いや、多分これが一番大きなポイントですね」
私　「そうなんだ」
後輩　「それ以外も細々した事はありますけど、いつも○○について考えていました」
私　「で、どうなんだろうね、今回は」

後輩「そうですよね。そう考えると、今は転職するタイミングではないかもしれないなと思いました」

私「そうか。それで気持ちの整理みたいなのはついたのかな」

後輩「基準が明確になったのは大きいですし、その基準の上でもう一度考えてみます」

ここまでで見えてきたと思うのですが、コミュニケーションの軸を握るのは、質問する側になります。話す事がコントロールする事だと思ってしまいがちですが、それは単なる自己満足で終わってしまう事がほとんどです。そして、**問いかけの質次第で、相手の回答の質が大きく変わってきます。**問いかけの量だけを増やすと、関係ない事をあれこれ話してもらう事になり、浅く広くの、あまり意味を為さない回答しか返ってきません。

会話って、「コントロールされてる感じがする」と相手が感じると、耳も心も閉ざしてしまいます。この本の冒頭でご紹介した「一貫性の法則」なども、まさにそれです。**伝わらない時ほど意地になって伝えようとしちゃいますが、そうではなく、そんな時こそ相手に耳を傾ける事。**耳というより、心を傾けるイメージですかね。そうする事によって、お互いに現在地（現状の理解度や考え）を共有する事ができます。コミュニケーションは、相手の言葉を共通言語として進めていく方が双方向に良好な状況を生み出すことができます。

この様に書きながら思い出した事なのですが（言葉は発した本人に作用する、ですね）、上司の武勇伝を聴かされるのは、とても不毛な時間ですよね（笑）。上司の事例のように、コミュニケーションがいつの間にか「自己陶酔」に変わってしまっている事もあります。でも、規模感を小さくすると、私たちも同じ様な事をしてしまっているかもしれません。無意識のうちに、「自分の存在意義を認めて欲しい」という風になっているかもしれない、という視点を持っておくのは悪い事ではないでしょう。

自己陶酔以外にも、傾聴を阻害する代表的な要素があります。それは、「自分が正しい」という考えです。特に、上下などの関係性のなかで起こります。この考えを持っていると、そもそも人の話を素直に聴けませんよね。傾聴スキル以前の問題になります。この想いを持っていると、

私（自分）が正しい→どうせあなたは間違えている→聴く時間がムダだし、面倒くさい→伝える方が早い→手っ取り早さだけを意識し、相手の話を最後まで聴かずに話す

というアプローチですね。こんな対応をされた相手はそれを感じ取ります。返答として

返ってくるのは、「はい、わかりました」という「から返事」のみです。誰にとっても有益な時間になりません。

傾聴におけるポイントとなるのは、

- **相手が耳も心もオープンな状態である事が何より大切（でないと聴けない）**
- **まず聴く、そして聴く、言いたくなっても、さらに聴く**
- **話したいなら、「話してもいいですか」等の問いかけで、相手の聴くスイッチを押す**
- **必要最低限の事のみ話す（ムダに長く話されるほど、聴くのはしんどいですよね）**
- **相手の事を理解できてから、伝えたい事を伝える**

これ位の意識をもって、聴くに徹する事ができれば、自分が話すタイミングが自ずと見えてきます。

CHAPTER 2 TWO

人の欲求を理解する

共感・承認

…それは僕の経験上、見にくさが原因のパターンで、その場合セルを1cmずつの方眼紙のようにすると作りやすいからそうしなさい。とくに連携や編集のことは考えなくていい。大した手間じゃない
どうしよう！
全然知りたくもない話だ…

傾聴というのは、目の前の方との関係性をより良くする手段であって、傾聴そのものが目的ではありません。傾聴スキルよりも大切な「相手は何を求めているのか」。先にこれを抑えておきましょう。

CHAPTER 2 TWO

そもそも人は何を求めているのか?

知っている方は多いかもしれませんが、傾聴においては非常に重要な事ですので、まずは次頁の図「マズローの5段階欲求」をご覧ください。

私たちは、自分を認めてくれる場所や時間を求めています。最近は会員制オンラインコミュニティなども増えてきていますよね。同じ価値観を共有できる仲間がいて、学びながら、自分の存在意義を認めてもらえる場とも言えます。インターネットがここまで普及する前までは、宗教がそれに近い存在でした。余談ですが、最近の宗教においては、競合は他の宗教ではなく、こういったコミュニティになっているという事を聞いた事があります。宗教という直接的競合だけではなく、心のより所というカテゴリーは間接的競合という位置づけになるかもしれませんね。

なぜこのタイミングでマズローの話をするかと言うと、傾聴力を磨く以前に大切な要素がほぼ全てここに含まれているからです。それを踏まえてお話しますと、マズローの5段階欲求は、下から順に満たされると言われています。

マズローの５段階欲求

自己実現欲求
自分らしくありたい欲求
承認欲求
他人から
尊敬・認められたい欲求
社会的欲求
他者・集団に
受け入れられたい欲求
安全欲求
安心・安全な暮らしへの欲求
生理的欲求
生きていく為に必要な本能的欲求

まずは安心して生活ができる事。生存の欲求と言えます（生理的欲求・安全欲求）。そしてその状態までくると、次に社会的欲求、そして承認欲求というものがあります。会社でも、家庭でも、プライベートでも、分かり合える仲間、分かってくれる状況を求めます。しかし、自分を認めてもらえる場所や時間というのは意外とありません。

例えば会社。出世していくと、管理職になります。今までは上司が話を聴いてくれたかもしれませんが、自分が管理職になると話を聴いてもらえる機会がなくなり、孤独を感じます。上に行けば行くほど、承認される機会が少なくなるという反比例が起こります。最初から社長という立場にいる人は、永遠に孤独ですよね。

家庭においても同様です。子育てで忙しく、リフレッシュできずに自宅にずっといる奥さんは、自分の辛さを分かってくれる人がいなければ本当に辛いでしょう。ストレスも溜まるし、自分の想いを共有したいと強く思うのではないでしょうか。そんな家庭の状況では、仕事をしているご主人さんは奥さんに仕事の愚痴を聴いてもらう事もできませんので、お互いに自分の想いを分かり合う事が難しくなる状況であるとも言えます。

やはり私たちは、他者に受け入れてもらいたいという無意識の欲求を持っています。どれだけ強がる方でも、この意識は必ずあります。強がりが過ぎて、他者の批判、社会の批判をしている人もいます。そう言う人は、自分の存在意義を認めて欲しいと心のどこかで思っているから、そう言う発言をしているのかもしれません。なので一見怖そうな方やクレーム対応でも、話を聴いて共感、承認すると、心を開いてくれる事もよくあります。

マズローの5段階欲求の話に戻りますと、生存する↓社会に認めてもらう↓存在意義を求める↓自分らしく生きたい、という風に進みます。自分の人生を誰かの真似事で生きていく事を求めていません。まずは自分の存在意義を認めて欲しい、受け入れてもらいたい。その上で自分らしさを追求していきたい、そう進んでいきます。傾聴という事以前に、まずは相手の存在意義をしっかりと承認し、これらの欲求を満たしてあげようという意識を持つ事。これがあるかないかで、同じ傾聴スキルを持っていてもまったく違う関係性になってしまいます。傾聴スキル以前に、相手に対する心を整えておく事が大切ですね。

CHAPTER 2 TWO

「教えてくれる」より「分かってくれる（共感）」

「傾聴スキルが高い人はモテる」

という事例を話したい所ですが、そう言ったエピソードを私自身が持ち合わせていないので、仕事上で経験したお話をさせていただきます。

私がメーカー営業としてルートセールスをしていた時の話です。部下に見本を見せなくちゃいけない立場なのに、「苦手なお客さん」がいました。どう苦手だったかと言うと、月に1回、1年半ほど通ったにもかかわらず、一度も買ってもらった事がなかったのです。

(ちなみに、恥ずかしくて当時の部下にこの話はしていません・・・)

ある時、「よし、今日は自分の想いは完全ゼロにして、100%話を聴くだけにするぞ」

そう誓い、その苦手な取引先さんに向かいました。

「いつからここで働き始めたのですか」

という質問から始まり、その後は流れに任せて質問。私はその方が話したい事をひたすら聴くだけ。意見が言いたくなってもひたすら我慢し、とにかく聴き続けました。

話を聴くこと1時間ほど。私は次の予定もありましたので、

「お仕事の邪魔をしましてすみませんでした。そろそろ失礼しますね」

と話を聴くのを終え、帰ろうとしました。するとその方が

「林田さん、今日は仕事の話があったんじゃないの?」

と私に問いかけてきたのです。私は今日、仕事の話を一切しないと誓って訪問していましたが、最後にこの様に問いかけて頂いたので、

「まあ、もちろん営業なのでお仕事の話がない、という事はないですけど…」

と伝えました。すると

「じゃあ話してよ、買うよ」と言ってこられたのです。

「買う?何の説明もしていないのに??」

私は本当にビックリしました。今まではと言うと、この方は私とほぼ目を合わせる事もなく、自ら話す事もほぼなく、いわゆる不愛想な方という印象でした。もちろんこの様な優しい問いかけを一度もされた事はありません。ですが今回の訪問で、商品の説明などいっさいしていないのに「買うよ」と言ってくれたのです。

さらに不思議な事がありました。ご注文を頂いて帰ろうとした時、

「君、良い人だね。また来てよ」

と言われたのです。しかも今まで見た事がない満面の笑みで。繰り返しますが、私はこの方の話をひたすら聴いていただけです。私が発言したのは、短い質問と、相づちくらいなのです。私の頭の中は「良い人??何もしてないのに?」です。

この経験により、私は大切な事に気づきました。私は「今までの自分は、マッチャー（損得のバランスを考える人）を装ったテイカー（taker＝自分の利益を優先させ、受け取る事ばかり考える人）だったんだ」と気付いたのです。言い換えるなら、ただ売るために「聴いているふり」をし、相手を「分かったふり」をする。そして相手に好意を持ってもらおうとしていただけだった（giveの人と思われる様に）と言う事です。こんな感覚では、相手を深く理解せずに「たくさん売れる方がいいでしょ」「お金が儲かる方がいいでしょ」みたいな感じで、きっとこうなる方が望ましいでしょ、という表面的な欲求を満たす提案しかできません。こんな対応では満足度が60点になったとしても、１００点になる事はないですよね。これはすべての人との関係に言えるのではないでしょうか。

そして今回の訪問では、「聴く＝相手を理解するに徹する」という事をしただけです。その結果、今までの自分では想像もできなかった結果になりました。本当に相手を理解しようとしていなかったという事ですね。この方とのその後の関係は、言うまでもありません。

「自己陶酔」という言葉を第1章で使いましたが、これも無意識に表れてしまいます。

マズローの5段階欲求の話を聴くと、相手に対する事を考えてしまいがちですが、もちろん私たち自身にもそれらの欲求が存在しています。結局、相手を十分に受け入れる前に、自分の主張をしてしまうという事です。分かりやすい例の1つが、いわゆる「おせっかい」です。おせっかいをしているつもりは全くないのに、相手がおせっかいと感じている事はよくありますよね。おせっかいをしている時というのは、

「自分が知っている事を教えてあげよう」というより、

「自分と同じ様にしてやろう（自分が正しい）」と思っているかもしれません。「自分はこれでうまく行ったから」と思っていても、他人はそれをしたい訳ではないのです。

コミュニケーションにおいては、**多くの場合、聴く時間が不足していて、自分が話す時間が長くなっています。**誰もがそれだけ自己主張を無意識に行っているという事です。と言っている私も、特に何も意識しなければベラベラと、特に誰も興味がない事を喋っています。たまに奥さんが「そうかー、ほんまかー」という生返事を私にしている時が間違いなくそういう状態なのでしょう（笑）。

なぜ、おじさんたちは飲み屋さんに行くのか？話を聴く側の女性も大変でしょうけど、

そこにそれだけ需要があるという事ですよね。ストレスが溜まっているからではなく、自分の主張を誰も聞いてくれないから、聴いてくれる、分かってくれる場に行きたくなるというメカニズムが働いています。自分を受け入れてくれる人、場所、時間は、何事にも代えられないとも言えます。私たちは、自分が話しているだけで満たされる所があります。

もし「教えてあげたい」と思う瞬間があるなら、まずは今、目の前の相手が本当にそれを求めているかどうかを考えてみましょう。たいていの場合は、目の前の方はただ聴いて欲しいだけだと思います。教えてあげたいスイッチは、私たち自らの欲求を満たす為に起こっていると考えると、話す事に良いブレーキが掛けやすくなるかもしれません。ついつい話し過ぎちゃった、という経験を思い出してみると、踏みとどまりやすいかもしれません。

CHAPTER 2 TWO

目の前の人は「答え」を求めていない

トンガ出身で、現在は日本に帰化しているラグビー日本代表選手がテレビで面白い事を言っていました。トンガ語で魚の事を「イカ」と言うそうです。トンガでは基本的に、マグロもハマチもアジも、とにかく全ての魚の事を「イカ」と表現するとの事です。

トンガ語による会話で「イカが好きと言ってたから、イカ持って来たよ」と、サバを持っていったとします。すると、「そのイカ（サバ）だけは食べられないんだよ」と言われるかもしれませんよね。自分で何を書いているのか、訳が分からなくなりますね（笑）。

言葉って、コミュニケーションをしっかりと行えるツールの様に思われがちですが、実はそうではありません。例えば、

「忙しいんだよ、最近」と目の前の方が言っていたとします。それに対し

「大変ですね」と言ったとします。

でも目の前の方は、

「いや、良い忙しさだからありがたいかな、どちらかと言えば」

と答えるかもしれません。となると、相手の事をしっかりと理解せずにこちらから返答したという事になりますよね。

たとえば「大変なんだよ」と目の前の方が言ったとします。それに対し、「相談に乗りましょうか」という反応って、特に違和感はない様に見えます。でも、「どう大変なんですか？」と聴くほうが、相手の要望に近い対応かもしれません。仮に続きの会話がこんな

感じだったとします。

Ａ「大変なんだよ」

私「どう大変なんですか」

Ａ「いや、とにかく仕事が忙しくて。良い事なんだけど、他のしたい事ができなくて」

私「他のしたい事、ですか」

Ａ「そうなんだ。実は来年に向けて○○をしたいと思っているだけど、それを準備する時間が全く取れていなくて…」

私「したい事に着手できていないんですね」

Ａ「そうなんだよ。忙しいのは良い事なんだけど、未来のための仕事がまったくできない時というのは、もどかしい気分になるんだよね」

私「なるほど、たしかに。そのお気持ちは理解できますね」

（※けっして、「相談に乗りましょうか」とは言いません）

私「で、どうなんですかね。未来に向けてのお考えなどについては」

Ａ「今月でプロジェクトＢが終わるから、それまでガマンしたら、来月からはそこに時間を費やせる様になるから、しばらくガマンするだけなんだけどね」

私「そう言う風に思考もスケジュールも整理されているのは流石ですね」

A「いや、そんな事ないよ」

もし「相談に乗りましょうか」と問いかけていたら、どうなっていたでしょうか。あと数カ月ガマンするだけで解決するという事を理解せずに、おせっかいアプローチをしていた事になります。おせっかいアプローチと、この様な会話の進め方。相手にとっても自分にとっても、どちらの方が良いのでしょうか。Aさんは改めて自分の考えを整理でき、しかもAさんからすると、私の事を「寄り添って考えてくれる人」という印象になったかもしれません。

「何か爪痕を残してやろう」と考えていると、自分の出番待ちをしてしまいます。でもその爪痕は、相手目線じゃなく、自分目線による爪痕です。それは相手にとって必要なのでしょうか。たぶん必要じゃないですよね。爪痕を残す事よりも、好印象を残す方が今後の関係性が発展します。

短期的に何かをしようというよりも、目の前の方と長期的かつ良好な関係を望むのであれば、相手がこの会話の場を「自分の土俵だ」と感じる様な時間になる事が望ましいと私は考えます。反面教師的な経験、たくさんありませんか。

CHAPTER 2 TWO

傾聴スキルよりも大切な、2つの土台

私がサラリーマンをしていた時に、転勤の打診がありました。当時私が担当していた地域の仕事において、未解決問題が残っており（どんな仕事においてもあるでしょうけど）、そんな時に転勤の打診。私は当時の上司に
「この問題を置いたまま転勤はどうなのか」「私が解決する所までしなければいけない」。カッコつけて言うなら、こんな発言をしました。するとその上司から、
「お前じゃなくてもできるよ」と、スパッと言われたのです。

まさにその通りでした。私の後任に誰が来るか分かりませんでしたが、心のどこかで「私だからここまでやれたんだ」というエゴがあった事に気づかされました。言い換えるなら、「私じゃないとこの問題は解決できない」と思っていたのです。しかし、私の前任の方もその問題に着手していたし、後任の方もその様にするでしょう。これが普通の流れです。もし私が自分のこの様な考えの間違いに気づかなければ、「自分は上、相手は下」という、とんでもない考えを持ったまま、引き継ぎ作業をしていた事でしょう。

私たちには**「私だから出来ているんだ」「自分だから知っている」と、心のどこかで思っている要素があります。**私たちは独自の経験をしてきているので、そう思って当然でしょう。でもこの想いが、相手を敬う事を阻害してしまいます。

傾聴スキルよりも大切な2つの土台、と書きましたが、その1つ目は、「相手を敬う事」です。あらゆる人と人との関係がありますが、相手を敬い続けられるかどうかで、目の前の方との関係が大きく変化します。逆に、誰かに対して、

「なんか信頼されていない様に感じる」「私の話を全然聞いていないよな、この人…」とネガティブに思った経験もあるのではないでしょうか。そう言った対応をされた人に対しては、何を問われても心を開いて話さないですよね。相手を敬う事を怠った状態で、傾聴スキルだけを磨いても意味がないという事です。

重要な事なので繰り返しますが、傾聴スキル以前に、やはりマインドセットが土台になります。スキルだけが高くても、心が整っていなければ、身振り手振り、眼差しや表情に自分の考えが現れてしまいます。心を感じるコミュニケーションなのかどうか。これを生み出しているのがマインドセットになります。

相手を敬う事、これが無意識レベルで出来る様になれば、次は長期的に良好な関係を構築するために「相手を信じ切る事」が大切になります。では何を信じ切るのか？と言いますと、

・相手の心のなかに必ず答えがあると信じる

・今すぐでなくても、いつか分かってくれる、きっと変化、成長すると信じ切る

この2点です。

1つ目の「相手を敬う事」をベースとした上で、相手を信じ切る。相手と対等の立場ではない時は、どうしても自分の方が上だ下だと思ってしまう事があります。特に、自分が上だと感じている時は、「聴く」よりも「伝える」を先行させてしまうのです。これが傾聴を阻害する大きな要因になってしまいます。

今すぐ目の前の方を信じ切る事ができなくても、

「きっといつか気づき、こんな風に成長してくれる」

と未来を信じる事ができれば、最後まで聴き切る事ができます。パートナーでも上司でも、友人でも、自分を信じてくれている人がいると心強いですし、心を開いて話せますよね。

プラシーボ効果というもの（効果のない薬を「効くよ」と言われて飲んだら病気が治る様な効果）があります。理論的に言える事ではないかもしれませんが、自分を信じてくれている人がいるというのは心強いもので、自分を信じてくれる人に相談したくなるのは当然ですよね。しかも自分の話をしっかりと聴いてくれる。そうなると、とても良好で深い関係になるのは想像に難しくありません。

私の経験ですが、開業1年目に色々と辛い想いをしました。その時に恩師が助けてくれました。その恩師は「林田くんなら大丈夫だよ」と、根拠も理由もいっさい言ってくれませんでしたが、会う度にいつもこの言葉だけを掛けてくれていました。何度も言ってくれているので「自分は大丈夫なんだ」「自分を信じてくれている人がいるんだ」と思える様になり、その言葉に救われ、辛い時期を乗り越えて今を迎える事ができています。

これに近い様な経験はありませんか。教えてくれる人より、分かってくれる人、もっと言うなら、信じてくれる人。目の前の相手が、自分を信じてくれているか、はたまた、この人は自分を信じてくれていないと感じるのか。この違いで自信の持ち方がまったく違うものになります。そして、心を開いても良い相手と思えるかどうかに大きく関わってきます。どう考えても、傾聴スキルより重要な要素だと思いませんか？

CHAPTER 2 TWO 「太陽アプローチ」のつもりが、実は「北風アプローチ」？

高圧的なアプローチが受け入れられない時代になってきています。主体性のある関係性においては、北風と太陽で言う、太陽のようなアプローチが求められます。ただこの太陽アプローチ。表面的には太陽のようなアプローチをしているけど、実は北風の様な高圧的なアプローチになっている事は少なくありません。

例えばですが、この様な会話です。上司Ａさんは、「部下に話させなければいけない」「話させる事で自由度を与える事ができる」と思っています。

Ａ　「なぜこれをしたの？」

Ｂ　「○○を目的として取り組んだんです」

※

A「でも大切なのは△△だよね」

B「はい、そうですね」

A「それを分かった上でやった、という事かな？」

B「はい…」

A「じゃあ、どうあるべきだったのかな？」

B「それは…仰る通り、△△を軸に考えて進めるべきだったかと」

A「そうだよね。じゃあ、なにが問題だったのかな？」

B「そうですね、それは…」

と、Aさんが言い寄っている様にしか見えない会話ですが、Aさんからすると、Bさんに発言の自由度を与えている様に捉えているかもしれません。でもこれはどう見ても誘導尋問、追い込みですよね。でもAさんは自分の会話を客観視できないので、その事実に気づかずに進めてしまっているのです。

もし、この会話の「※」のところに、こういった会話があれば、どうなったでしょうか。

A「色々と進め方があるなかで、どうして○○を目的に進めようと思ったの？」

B「はい。△△を大切にして進めるためには、○○を軸に進める以外に案が浮かばず…」

A「それ以外の案が浮かばなかったんだ」

B「そうなんです」

A「なるほど。では今改めて、冷静に振り返ってみたら、どうかな?」

B「そうですよね。根本的には△△を大切にしなくちゃいけないのに、○○に囚われすぎてしまっていて、大切な事を見落としていましたね」

A「なるほど。確かにそうかもしれないね」

と、自らの意志で気づく様になります。

誰でも、相手の「イェス」を取りたいものです。でもその「イェス」を取ろうとする時に自分本位になり過ぎてしまうと、前ページのやり取りの様に誘導するようなアプローチになってしまいます。これだけ「だよね」「だね」と言われると、しんどいですよね。おそらくですが、この時の上司の表情には笑顔がいっさいなく、どちらかと言えば、こわばった表情が想像できますよね。

詰めようとすればするほど、「はい」「いいえ」を問うクローズドクエスチョンを使いがちです。 相手を自分の望む通りに動かそうとする、焦る、手っ取り早さを求める、という事をしてしまいます。しっかりとしたコミュニケーションを図れば分かり合えるのに、大事な事を短縮してしまうと、大きなボタンのかけ違いが発生します。

「心に余裕がない」と自覚している時ほど、オープンクエスチョン（自由に話せる質問）を使う事を意識するだけでも、自分に余裕が持てるし、相手も話しやすくなります。行き詰まったと感じた時は、ぜひ相手に更なる自由度を提供する問いかけを考えてみてください。日ごろ優しい人が怖い一面を見せると、人格を疑問視しますよね。そうならない様に、焦りは禁物です。

CHAPTER 2 TWO

聞き手＝聴くのが怖い、話し手＝共感して欲しい

「これ以上相手に話してもらうと、マズイ方向に行くかもしれない…」

そう思った事はありませんか。実際、人の話を聴くというのは、怖いものです。

- **（上司の立場なら）触れて欲しくない事に触れられるかもしれない**
- **（営業パーソンなら）商品のデメリットに気づかれるかもしれない**

などなど、「話していない不都合な事に触れられたらどうしよう…」と思うものです。

そしてこの想いが、人の話を最後まで聴く事を阻害してしまいます。

逆に、相手（話す側）の立場から考えてみましょう。例えば、私たちが何かを買う時。私たちお客さんは、デメリットに対して突っ込みたい、と思っている訳ではないと思います。デメリットについて尋ねるのは、自分なりにデメリットも受け入れて、その上で自ら納得して買いたいと思うものです。世の中には完璧な商品なんてありませんからね。

売り手側が不都合を隠そうとすればするほど、言葉がうわずってしまいます。それだけではなく、相手の話を最後まで聴けなくなります（不都合な事に触れられたくないので）。そしてそれを見ている目の前のお客さんは、不信感を覚えます。隠そうとすればするほど、不信感が増していきますよね。買おうと思っていたものを買わなくなる。商談もトーンダウンとなります。

買い物以外でも、聴き手と話し手の解釈のズレが起こります。例えば、私が人材教育の専門家で、他の事については完全無知だとします。ある社長が、こんな事を話し始めました。

社長「人材教育も大切だけど、それよりもウチはビジネスモデルの再構築が今は必要で」

そう言われた私が、こんな風に答えます。

私　「社長、ビジネスモデルを再構築するのは確かに大切だと思いますが、やはり仕事を動かすのは人ですから、人材教育にフォーカスすべきではありませんか？」

自分の得意分野にグイと寄せる。ありそうな会話ですよね。でもこの対応が最適解なのかどうか。少なくともこの会話では、社長が人材教育に興味を持たないのは安易に想像できますし、長期的に良好な関係になる事は難しいでしょう。

では今度は、私が違う対応をした場合のやり取りです。

※実際にあった会話です。

社長　「人材教育も大切だけど、それよりもウチはビジネスモデルの再構築が今は必要で」

私　「ビジネスモデルの再構築ですか」

社長　「そうなんだよ」

私　「どういう経緯でそう言うお考えに至ったのですか？」

社長　「本当は（ビジネスモデルの説明）こういう風に進めていきたいんだけど、今の営業はその様に進めていく事が難しいみたいで、そうなるとやはりビジネスモデル自体を見直さないとビジネスが回らないから…」

私「そうなんですね。じゃあ本来進めたい理想的な形はあるけど、今の営業さん達が回せる様にする為にビジネスモデルを見直そう、と」

社長「もともとは今のビジネスモデルでしっかり回っていたんだよね」

私「もともとは回っていた、どういう事ですか？」

社長「実は2年ほど前に営業全員が入れ替わったんだよ。その時のメンバーは、今のビジネスモデルでしっかり売上を上げていたんだ」

私「なるほど。今のビジネスモデルで回っていたんですね」

社長「そうなんだよ」

私「じゃあ、営業さんが変わった事以外は特に何も変わっていないという事ですか」

社長「そうなんだよ」

私「という事は、言葉が適切ではないかもしれませんが、今の営業さんたちに合わせる為に、既に出来上がったビジネスモデルを見直す、という事なのでしょうか」

社長「そうなんだよね。それを考えると、今の仕組みをしっかり回せるように、今の営業を育てる事を考えないといけないよね…」

なんの誘導もしていませんし、ただ社長さんのお話を聴き進めていっただけです。そして社長の考えをより深く理解するためにこの様な会話を進めていきました。誘導でもなんでもなく、私は社長の言葉をちがう表現で繰り返したにすぎません。そして私の専門分野外の話にも一生懸命耳を傾けていると、社長ご自身が自分の考えが矛盾している事に気づかれたのだと思います。結果的には話が元に戻ってきました。

私たちは理屈の世界を生きているのではなく、それに伴う感情があります。自分自身は理屈で考えているつもり。でも実は感情に思考を支配されている事があります。この会話もまさにその事例とも言えます。短期と長期の矛盾とも言えますね。感情そっちのけで機械的に動ける人なんてごくわずかです。共感という心の寄り添いが大切であり、私たち自身もそれを求めています。

聴く事に壁を作ってしまう事もあるかもしれませんが、最後まで聴き切る事だけで目の前の方が満足してくれる事もあります。クレーム対応などでも同じです。弁解、言い訳、反論を用意するより、最後まで聴く。目の前の方は、まず自分の主張を分かってほしいと思っています。相手軸になれば、聴く事が怖いと思う事はなくなります。

CHAPTER 2 TWO

「専門用語」に気をつけよう

テレビなどを見ていて、話し方が上手な人や共感できる人というのは、いくつかの共通点がある様に感じます。ついつい引き込まれてしまう人たちは、そもそも立ち位置が私たちと対等、もしくは低い立ち位置にいる様に振る舞います。

会話において、相手とより良いコミュニケーションを図るためには、

【相手に合わせた言葉を使う】

という事が大切になります。

専門用語、業界用語を使いがちな人は仕事ができない、とよく言われます。専門用語を使ってしまう理由を一概には言えませんが、それは自らのエゴかもしれないし、そんな言葉を知っているという承認欲求かもしれません。私は外資系メーカーにいたので、よく外資系独特の単語が社内で飛び交っていました。たとえばですが、「決定した」という事をわざわざ「フィックス」と言うとか。同じ社内であれば共通言語化しているので問題ないでしょうが、外部の方との打ち合わせにおいてそんな言葉を使っていると、聴いている側

はちょっと違和感を覚えますよね。

通販番組やインターネットでついつい「欲しい！」と思ってしまう商品。それらの説明で使われている言葉や表現は、小学校5年生でも分かるようなレベルにしている、と言われています。パッと聴いてすぐに理解できる言葉のほうが、共感を生みやすいという事なのでしょう。

「実るほど頭を垂れる稲穂かな」という言葉もあるように、素晴らしい方はいつも腰が低いです。自分本位ではなく、相手の状況に合わせ、言葉を選ぶ。これも相手軸の考えであり、コミュニケーションの空間に心理的安全性を生み出す事ができる大切な事だと思います。ご自身の言動を振り返ってみて、もし見直し余地がありそうでしたら、なぜその様な振る舞いをしているのかとぜひ考えてみてください。

CHAPTER 3 THREE

完全なる

「相手軸」になる

最後まで聴いてくれる
話は覚えていない
うんうん
きおく
たまに聴いてくれる
大切な事は覚えてくれる
えっ？うん
きおく

相手の事を考えている「つもり」になってしまう事がありますね。出来ているかどうかは、相手の受け止め方次第ですね。この章での大切なポイントは、カウンセリングでの深掘り質問事例と、傾聴における大切な2つの要素です。

CHAPTER 3 THREE

「聴いてくれる人と思われたい」になっていませんか？

「あり方」と「見せ方」の違いについてお話したいと思います。
いきなり質問ですが、AさんとBさん、どちらの方が**「心を許せる人」**と感じますか。

（Aさん）
・日ごろはとても誠実な感じ
・話を最後まで聴いてくれる
・でも、話した事を覚えていない

（Bさん）
・よく話す
・たまに聴いてくれる
・どうでも良い事はよく忘れるが、大切な事はしっかり覚えてくれている

いかがでしょうか。何事も問題がなければ、Aさんの方が心を許せる人と思うかもしれません。ですが有事の際の相談において「あれっ、また話を覚えてくれていない」という事が繰り返されると、話を聴いてくれない人と思われてしまいます（バレます）。

短期的な関係性を求めるのであれば、Aさんの様な対応でも問題にならないかもしれません。ですが目の前の方と長期的で良好な関係を構築したいなら、難しくなってしまいます。Aさんの様な対応をしている人は、

「なんか信用しきれない…（聴いている『風』なだけ）」

と思われますよね。

また、私が「心を許せる人」はどちらか、とお聞きしましたが、傾聴力を高める目的は、表面的な傾聴力自体を高める事ではなく、お互いに心を許し合える関係になり、お互いに主体性が作用する関係を構築する事である、という事を忘れてはいけません。

Aさんの対応は、「見せ方」にこだわっています。言い換えるなら「こういう人に思われたい」が先行しています。相手への意識ではなく、自分への意識が強いという事です。いっぽうBさんは、傾聴に特に重きを置いていません。ですが、相手の事を理解しよう、相手

を助けてあげようという気持ちを強く持っています。Aさんは傾聴スキルを学びましたが、Bさんは学んでいません。でも、Bさんの方が心から相談できる相手になります。このBさんの感覚で傾聴スキルが高くなるのが理想的ですね。

また、聴き切る事がうまく出来ない代表的な理由の1つとして、**「自己防衛心」**が働いている、と言うのもあります。自己防衛心の代表として、

「自分の信念を変えたくない」
「想定外の反応に対する対処ができない」
「見たくない、聞きたくない」
「面倒な事と向き合いたくない」
「自分を正当化したい」

このような事があります。「聴いてくれる人と思われたい」という願望も、この一種かもしれません。

一番ラクなのは、自分の思い通りに進む事ですよね。でもそれは、相手も同じ様に考えています。コミュニケーションをスムーズに行うには、自分の主張を強める事よりも、相手を受け入れる事が大切です。それにより心の融和が生まれるからです。カッコよくいえ

ば、聴ける人の方が大人、って事ですね。**大人になったもん勝ちです。**

CHAPTER 3 THREE

最適な会話のバランスとその内容

まずは傾聴に関する基本的な会話のバランスについてお話させて頂きます。理想としましては、

あなたが話す――1割
相手が話す　――9割

このイメージです。とは言っても、これはあくまで理想のイメージなので実際は1：9ではなく、2：8や、3：7の様な感じになるかもしれません。ここで大切なのは、

「ほとんど話さない」「相手に話してもらうのがメイン」

という感覚をもって接するという事です。第1章では相手との会話のやり取りを書かせていただきましたが、質問する側はあれくらいの短さですが、実際のところは、目の前の相手はもっと話をしています。

実際の会話となると、交渉、契約、指導、協議などなど、こちらからの目的がありますよね。

それも1割の会話量で伝えるという事でしょうか。結論を言うと、「はい」という事になります。**本来はコチラから伝えたい事を、相手の言葉で話をしてもらう事**（相手に自覚をしてもらう）も、傾聴の目的の1つになります。

こちらから話をする事を具体的に言いますと、

「相づち」「問いかけ」「整理（まとめ）」そして、最後の最後に「提案」です。

間違いなく言えるのは、私たち聴き手側は「評価」「指示」「反論」をする立場ではないと言う事です。こういった事を考えていると「何か言ってやろう」という出番待ちスタンスになってしまいますし、目の前の相手は、他者に評価される事を望んでいません。

開口一番、「今日はご提案したい事があるのですが」と、会話の目的を最初から話そうとしてしまうと、相手は構えるどころか、良い気分になりません。もちろん、今日会った目的、訪問した目的を伝える事は大切です。ですがそこからひたすらこちらの話をするのは、相手が求めている事ではありません。まずは相手の考えをしっかりと理解する事。相手の意向を明確に理解した上で、最後の最後にちょこっと提案する、という程度です。

相づちに関して、もう少し触れさせて頂きます。

「サッカーが好きなんです」「サッカーが好きなんですね」

これは良い相づちです。しかし、

「サッカーが好きなんです」

「サッカーですか、Ｊリーグも盛り上がってますね」

という風に、枝葉をつける、または、自分の解釈や好みなどを勝手に入れてしまうと、あなたが発した言葉に相手の考えが引きずられてしまいます。この様な返答をすると、

「そうですね、Ｊリーグも盛り上がってきてますよね、最近は」

と、相手がＪリーグに興味がなくても話さなくちゃいけない様になってしまいます。という事で、相づちには余計な言葉、余計な思考を入れないのが大切であり、そうする事で相手の会話リズムが良い状態のままに、もっと話してくれる様になります。

また、さらに重要なのが「沈黙」です。本当は沈黙だけで1つの目次を書きたい位です。沈黙が耐えられずについつい話してしまうという事があるかもしれません。たとえば、こちらから何かを問いかけ、相手が話さずに黙っている時。そのような沈黙の時は、音が流れていないだけで、目の前の相手は一生懸命考えているかもしれません。そう言う状況であれば、止まっているのは音だけで、思考は止まっていないのです。相手の頭のなかが忙

しい時に話しかけると、良くないですよね。そして沈黙の時は、相手が笑顔なら笑顔で、深刻な表情をしていたら深刻な表情という感じで、相手に合わせた表情でただただ待ちましょう。もし待ちきれないなら、「そうですか」や、「なるほど」など、

「続きも聞かせてください、私はあなたの事をもっと深く知りたいんです」

という事を示す様に、沈黙以降のバトンを相手に渡すイメージを持ちましょう。これも、１：９の理想的なバランスを実現する為に大切な要素ですね。

また、

「目の前の方があまり話してくれない」

その様に思った事があるなら、それはあなたの反応の仕方に改善の余地があるかもしれません（第5章で反応についてお話させて頂きます）。どれだけ無口な人であっても、話してくれます。「話してくれない」ではなく、「話せないような反応をしている」と捉えてみてください。ひょっとしたら、目の前の方が「はい」「いいえ」という返答しかできない、クローズドクエスチョンをたくさん使ってしまっているかもしれません。まずは相手に自由度がある反応ができているか。それを意識してみましょう。

CHAPTER 3 THREE

無意識の「分かったつもり」スイッチに要注意！

傾聴の深さが、傾聴力レベルの差になります。例えばですが、美容室でこんな会話があったとします。

お客さん（以降：**客**）「この辺りの前髪を、これくらい切ってほしいんです」
美容師（以降：**美**）「この辺りをこれ位、ちなみにどうしてですか？」
客「これ以上伸びるとクセが出てくるからイヤなんですよ」
美「そうですか。分かりました」

というやり取りで髪を切っていくパターン。
一方、傾聴を深めた次のような対応。比較してみて、どう感じるでしょうか。

客「この辺りの前髪をこれ位切ってほしいんです」
美「この辺りをこれ位ですね。ちなみに、どうしてですか？」
客「これ以上伸びるとクセが出てくるんですよ」

美　「クセ、そうなんですね。確かにこのあたりに少しクセがありますね」
客　「そのクセが出るとホントに面倒で」
美　「どう面倒な感じなんですか？」
客　「ここをしっかりセットするだけで、毎朝5分くらい掛かるんですよ」
美　「ココだけで5分ですか、しかも毎日ですもんね」
客　「そうなんですよ。ホントにこのクセがなくなってほしい位です」
美　「そうですか。ちなみに、ここをこれ位切ってほしいとの事ですが、ここまでのお話ですと、クセを気にせずにいられる様になる事が望ましいという事ですかね」
客　「そうです」
美　「例えばですが、切らなくても今後クセを気にしなくても良いなら、いかがですか」
客　「クセがずっと気にならなくなるのが理想的ですけど、切らなくてもそんな事が？」
美　「あくまで、もし、という話ですが」
客　「とにかくクセを気にしなくても良い状態になるのが一番嬉しいです」
美　「分かりました。ちなみにですが、クセが気になる理由って、お分かりですかね」
客　「えっ。いや、分からないです」
美　「カンタンにお話しますと、切るからクセが気になるんです」

客　「えっ、どういう事ですか？」

美　「実は、今の長さがもっともクセが出やすくて、そのクセが気になる長さをずっと行き来しているから、いつもクセとの闘いがあるという感じなんですよ」

客　「そうなんですか!?」

美　「はい。もし、あと1，2カ月くらいだけ切るのをガマンできるなら、その後はクセを今のように気にする事がなくなっていきますよ」

客　「知らなかった！そうなんですね！」

美　「ではその上でですが、今日は切る事もできますし、切らない事も…」

客　「それなら切らない方がいいです」

美　「では今日は、そのクセが極力気にならない様に、まわりの髪を…」

客　「ぜひそうしてください」

美　「とは言いましても、今までクセが気になっていたのもあるでしょうし、もしよろしければ2~3週間後にもう一度お越し頂けませんか。想像よりもクセが気になる事もあるかもしれませんし、その時は対応させていただきますよ。もちろん無料です」

私はプロの美容師さんではありませんが、このやり取りでも聴く重要性が見えてきたと思います。このお客さんは、「切りたい」以前に、「クセが気にならない様にしたい」という根本的な要望を持っていました。言い換えるなら、

【根本的な要望】　クセを気にせず過ごせる様になること（目的）

【言葉として発した事】　前髪を切る事――――――（目標）

いわゆる、目的と目標のちがいとまったく同じなのです。表面的な言葉、いわゆる「目標」だけを聞いて前髪を切る事を行っていたら、お客さんの満足度はプラスマイナスゼロかもしれません。しかしここまでカウンセリングを行い、「根本的な目的」を明確に理解したうえで施術を行うなら、お客さんはきっと大満足でしょう。そして、ここまで自分を理解してくれる美容師さんの元から離れられなくなりますよね。

もし、お客さんが十分に話をする前に美容師さんが先回りをし、

客「これ以上伸びるとクセが出てくるんですよ」の次に、

美「これ、1，2か月切らずにガマンしたらクセが気にならなくなりますよ」

という返答をしていたら、いかがでしょうか。おそらくお客さんは、

「私のクセは独特だし、今まで散々クセが気にならない様に考えてやってきたのに、切らずにクセが気にならなくなると言っても、絶対そんなのムリでしょ」

と思う可能性が高いです。とは言え、表面的には「そうなんですか」と言うかもしれません。しかし結論としては「まあでも、切ってください」と、美容師さんの話を半信半疑で聞き流して終了…という情景が浮かびませんか。

話すより、聴く。どれだけ説明するよりも、まずは自らの悩みをしっかり受け入れて欲しいのです。そして、受け入れ切ってくれた上でのコミュニケーションであれば、お客さんはしっかりと受け入れてくれる様になります。

傾聴においてとても重要なポイントですので、心理学的な見地から少しお話しますと、

「心理的リアクタンス（抵抗）」

という作用があります。これは何かといいますと、

「自由を制限されたり奪われたりすると、自由を回復しようとする心理が働く」

というものです。自分が少ししか話していないのに

「こうすべきだよ」「それは間違っているよ」「それじゃダメだよ」

と言われても、納得できないですよね。納得できなければ、もちろん行動に移しません。指示や命令をされるのは誰でもイヤですよね。イヤなだけではなく、自由を奪われる感覚を覚えます（相手を尊重する事は本当に大切です）。なので、やはり話し切ってもらう事

はこの上なく重要だという事になります。

美容師さんが、「ではその上でですが、今日は切る事もできますし、切らない事も…」と言いました。この様に、相手に自由度がある提案は、心理的リアクタンスが働かず、

「私が選択できる」

「私の自由だ」

「私は尊重されている」

と感じてもらう事ができ、お客さんも心を開きやすくなります。しかし、もしこの時、

「という事で、切るべきではないですよね」

と言ってしまっていたなら、ここまでのやり取りが一瞬にして台無しになってしまいます。

難しく考える必要はいっさいなく、この会話も傾聴の時間を数分多めに取り、さらに深く聴き続けただけです。それだけで結果も対応もまったく違うものになりました。意識して傾聴を行う事で、深掘りを進められます。無意識なら「分かったつもり傾聴」になってしまいます。客観的にみるとよく分かりますよね。

傾聴の重要なポイントとして、

・相手の想い、考えを「ほぼ全て」出し切ってもらう（これがとても大切）
・その上でこちらが話す、または提案する（話して良いですか、と許可を取るとより良い）

という流れです。

傾聴において、出し切ってもらう事が大切と言いましたが「私の事をしっかりと受け入れてもらえた」と、「ちょっとは分かってくれたかも…」では、はまったく違います。

また、目的と目標の両方をしっかりと聴き手側が理解できているかどうか。これは本当に重要な要素です。話している本人の頭のなかでは「目的＝目標」という風になっている事がとても多いです（自分では気づかないのです）。

聴き切る重要性は、具体的にイメージして頂けましたでしょうか。会話が膨らまないのは、相手に原因があるのではなく、質問を投げかける側に原因がある、という事が分かる良い事例ですね。

CHAPTER 3 THREE

なぜ「仮説」や「型」を持ってはいけないのか？

「傾聴を学んだけど、うまく聴き出す事ができない…」

と言われる事は少なくありません。たしかに傾聴力は、一朝一夕で身に付くものではありません。継続する事が何より大切ですし、改善を繰り返す必要があります。

傾聴スキルを学ぶと、使いたくなりますよね。今までは無意識で相手の話を聴いていましたが、学び始めると意識的に聴こうとします。たとえばゴルフ。グリップを意識し、目線を意識し、脇を、軌道を…と、学び始めの頃はとにかく色んな事を同時に、かつ意識的に取り組まなければマスターできません。そんな頃は「型」を自然体でこなす事ができず、とにかく体がこわばっている様な感じです。そんな状態で傾聴に取り組もうとすると、「こういう問いかけをしよう」「この次にはこれを聴こう」「こう来たらこう言おう」という、自分の頭の中で質問パターンを作るという「表面的な型」を作ろうとします。これが傾聴力の欠如につながります。

たとえばコーチング。コーチングでも、色んな先生が「質問の型」を教えてくれる事もあるでしょう。数年前の話ですが、コーチングを学んだある方とお話をしていると、「理想を100点とするなら、ここまでの進み具合は何点ですか?」「70点との事ですが、残りの30点はいったい何ですか?」と、いつもいつもこの様な問いかけをしてきました（コーチングは素晴らしいスキルですが、型に囚われすぎるとこうなってしまう、という意味です）。

率直に言うと、私が感じていたのは「毎度毎度、杓子定規的な質問をしてくるなあ」という事です。ベルトコンベアで転がされ、流れ作業を行われている様な感覚になりました。型というのは、背骨みたいなものだと思います。常にそれが必要というよりも、迷った時に戻る場所みたいなイメージでしょうか。例えば私が人に会う度に「ここまでの解決度は何点ですか?」とばかり聴いていたら、

「林田はいつも型通りの質問ばっかりしてくるよな。ホントに聴こうとしているのかな」と、あまり心が通っていない様に見られるかもしれませんよね。やはりこの点も、「型」よりマインドセットが大切になります。型を使い過ぎるより、相手軸で物事を考える事のほうが、相手にとっては有意義です。

仮説を持つ事も同様に、傾聴を妨げてしまいます。例えば、

「この手の相談の場合は、ほとんどの場合、解決法はAかBのどちらかだ」

「以前にも似たような問題があったな。あの時の解決策は活用できるな」

「この様な症状においては、考えられるのは3つしかない」

みたいな事を考えながら話を聴いていると、相談をされてすぐに「はい来た、得意のパターン！」みたいになってしまい、こう思った瞬間に、相手の話を真剣に聴かなくなります。または、その仮説とはちがう内容なのに、その仮説に寄せていこうとしてしまいます。流し聴きみたいな感じですかね。そうなると、目の前の相手は、

「絶対聴いてないやん、この人！」と察します。

悩みを相談する人は、

「自分は独自の悩みを持っている」

と思っています。にも関わらずその道の専門家の人は、いくつかのお悩み解決のパターンを持っています。それがマニュアル化されてしまう一番の理由になります。

聴き手と話し手のギャップというのは、

- **聴き手→少し聴いただけで分かってしまう（例外なくパターン化してしまう）**
- **話し手→少し聴いてもらっただけでは納得できない（伝え切れていない）**

という感じです。

仮説や型を意識しすぎると、せっかく良い所まで聴き出しているのに、さらに理解を深める事を自らの手で遮ってしまいます。

あなたが相談する側の立場のとき、パターン化された対応によって話を遮られたら、どう思うでしょうか。反面教師的な経験は、何よりも学べますよね。

CHAPTER 3 THREE 傾聴が苦手な人が見落としがちな要素

傾聴において大切な要素は、2つあります。

①事実を理解する
②解釈を理解する

傾聴がうまく行かない時の傾向として、事実を理解する事ができていても、解釈を理解するところまで意識できていない事がよくあります。同じ絵を見ても、人によって解釈はまったく違いますよね。ジェットコースターの順番待ちにおいても、ワクワクする人もいれば、手のひらが汗だらけの人もいます。俗な話で言うと、SとM。好みも捉え方も違うという事です（笑）。Sの人にはMの思考が理解できないという事です。

よくある事例としまして、

「あとはやるだけなのは分かっている」

と言い、何も行動に移せていない時があります。この時の心情を考えると、

・事実…やる事は分かっている（方法は知っている）

・解釈…なにか腑に落ちない（だから動けていない）

という事になります。そうなると、こういった方への支援は、解釈部分にあるという事になります。にも関わらず、方法を教えようとする、または「やるんだよ！」と根性論的な事を言っても、動けないですよね。一緒に解釈を整理する事が、行動につながるという事になります。

解釈まで傾聴する事ができる様になれば、人の気持ちが深く理解できる人になれます。そしてここでも大切になってくるのが、「自分の考えや自分の得意パターンを強要しない」という事です。「自分の場合はこうやって克服したよ」と、あくまで一例として伝えるのは悪くないかもしれませんが、その方にとっての最適解ではないかもしれません。選択肢の1つとしては捉えてくれるけど、行動に移さない事がほとんどです。

相手がどう思っているか。そして、それをどうしていけば現状を打破できるか。それらを、相手の心の奥底まで聴き出す事ができれば、90％は道が決まったようなものです。話している本人は、自分の気持ちに気づいていない事がほとんどです。傾聴の深掘りを行う事により、**相手が行動できなかったボトルネックが見えてくる様になります。**それが見えれば、ほぼ解決したのも同然です。

CHAPTER 3 THREE

「過去」「現在」「未来」フィルタ

私たちはみな、独自の経験があります。コンプレックスを持っている人もいるでしょうが、幼少時の体験が引き金になっている事もあります。ほかにも、誰かに救われたという過去の嬉しい経験から、それを今度は自分が他者に提供したいと思っている事もあります。

傾聴力を深めるために知っておいた方が良い事として、「現在」だけを理解しようとするのではなく、「過去」「未来」も知る様にするという事です。「現在」とは、今のお悩みなどです。その悩みは、その人独自の価値観フィルタによって「悩み」という風に捉えています。他の人からしたら悩む事じゃないかもしれません。そしてその価値観は、「過去」から来ています。その悩みに対して要望がありますが、その要望は「未来」です。

「相手の事がよく分からない…」

「何を聞いたら相手の悩みや要望を深掘りできるのだろうか…」

という風に思った時は、「現在」だけではなく、「過去」や「未来」を問いかける質問をしてみましょう。

例えばですが、過去を知る質問として、

「いつからその様な事を悩まれているんですか」

「何がキッカケなのですか」

「悩む様な事でもないと思いますが、そこまで考えるのはどうしてですか？」

などです。

未来を知るための質問としては、

「その状態がどうなるのが理想的ですか」

「なぜあらゆる選択肢があるなかで、Ｂに向かう事を選択されたのですか？」

「今日までの経験を踏まえ、将来どうなりたいと思っているのですか？」

などなど、抽象度の高い質問から、具体的な質問まで、たくさんあります。こういった質問が自由に行える様になると、相手に対する理解度が一気に増していきます。ちなみに、質問はすべてオープンクエスチョン（はい、いいえでは答えられず、自ら考えて答えてもらう様な質問）が望ましいですね。「まさかそんな事が？」という事を話してくれる事もありますからね。

傾聴により相手への理解を深めようとする時に、間違えがちなアプローチがあります。本来は発した言葉をさらに深めていくというのが望ましいのですが、

・ある程度聴いた→さらに深い情報が聴き出せない→他の質問をする

という、**「横すべりアプローチ」**です。情報量としては多くはなりますが、相手が思ってる根源的な事を聴き出すには乏しい対応になります。横すべりアプローチにならない様にするには、目の前の方が話してくれた事を頭のなかでスケッチしてみましょう。聴いた情報だけで十分にスケッチできる事はないと思います。スケッチしようとすると、不足情報が見えてきます。その不足に対して続きの質問をすれば良い、というイメージです。

例えばですが、目の前の方が「カレーが好きです」と言ったとします。その情報を元に、頭の中でカレーをスケッチしようとすると、

「具材はどんなだろ？」「どんなルウ？」

「インドカレー？それとも、北海道のスープカレーみたいなの？」「付け合わせは？」「ご飯はどんなのが良い？」「辛さは？」「量は？」

と、不明な情報が見えてきます。この様に不明情報を明確にする事が大切であり、その不明情報を引き続き傾聴によって明確にし、絵を描いていくという感じです。

言葉というのは、不完全なツールである事を覚えておきましょう。後の章で具体的にお話をしておきますが「カレー」と聴いたら、分かったつもりになってしまうのが私たちの性です。カレーにも、○○カレー、△△カレーなどがあります。「売上を上げる」にしても「どれ位？」「どのように？」「こだわり要素は？」と、あらゆる不明点があります。言葉の定義を合わせる事が大切であり、定義を合わせるには、深掘り傾聴が大切です。

CHAPTER 3 THREE

聴いてるつもりが、実は敵対心むき出し!?

傾聴は、一歩間違えると、相手を責める様なアプローチになってしまいます。いわゆる誘導尋問ですね。

「質問されている」というより、

「質問によって追い込まれている感じがする」という事です。

誘導しようとしている時はそうなるのでしょうけど、誘導しようとしていない時にもこの様に捉えられてしまう事もあります。そうなると、相手は心を開いてくれませんよね。

傾聴においては、自分の立ち位置が非常に大切です。相手と対峙する側に立っていると、相手への理解度が高くなりません。

心理的安全性を感じてもらいつつ、傾聴を深めるためには、

・目の前の人が見ている景色を――【事実】

・目の前の人と同じ側に立ち

・目の前の人がかけているのと同じメガネ（固定概念・考え方・価値観）で見る――【解釈】

（解釈に関しましては、続きの章でもお話させていただきます）

このようなイメージで聴くことができれば、目の前と対峙する事なく、同じ目的をもってより深い傾聴を実現できます。この様なスタンスであれば、

「この人は私の事を真剣に考えてくれる、深く理解してくれる」

と思ってもらえる様になり、お互い心が開き合った関係を構築できます。

特に、「取引先と営業」「上司と部下」「先輩と後輩」「サービス提供者とお客さん」みたいに、立場が対等ではないと一般的に考えられがちな関係の時は、この点を強く意識される事をお勧めします。一歩間違えれば、攻撃と防御みたいな関係にもなり兼ねません。

目の前のコミュニケーションだけを意識してしまっていると、関係性の中にある固定概念や潜在的な思い込みを持ったまま、対等ではない会話になってしまいます。目の前の相手は今、どういう心境でいるのか。もし、自分のほうが過剰に評価されるような立ち位置なのであれば、心の目線から合わせる事によって相手が心を開きやすくなりますよね。関係性の前提の所まで意識をしてみると、望むとおりに傾聴が進まない根本的な理由が見えてくると思います。

CHAPTER
4
FOUR

聴くスキル①
マインドセットを整える

その場では分かったつもり、でも振り返ってみると、深く聴く事ができていない・・・。というご経験はありませんか？深く傾聴できない時のパターンを心理学の観点から解説しています。

言葉だけの判断はラクだが・・・
そうですね
両者の本音はまったく違う
そうですね
五感を活かせば必ず気づける
ここまでで疑問点あれば何でも仰ってください

CHAPTER 4 FOUR

「100%」と「90%」が決定的ちがいになる

「素直になる」というのは、なかなか難しいものです。誰かを指導した経験をお持ちの方であれば、

「あとは素直に受け入れて、やるだけでいいんだよ」「素直さが欠けているからだよ」と相手に対し、思った事もあるのではないでしょうか。自分では素直になっているつもり。だけど他人から見たら素直になり切っていない、というイメージです。自分の事となると、それだけ難しいという事ですね。

アインシュタインの有名な言葉で、

「常識とは、18歳までに身につけた偏見のコレクションである」

というのがあります。確かに私たちには、無意識の偏見があります。最近ではアンコンシャス・バイアスという言葉も浸透しつつありますが、私たちは自分の経験から、

【「思い込みという自覚」さえもない思い込み】

があります。これは本人にとっては当たり前というか、思い込みかも？などとは考える

に至らないものです。しかし他人から見ると、
「その考えはおかしいよ」「直した方がいいよ」（ネガティブな無意識）
「そこまで意識してやっているの?すごいね！」（ポジティブな無意識）
と、ポジティブにもネガティブにも捉えられます。それだけ自分には無意識に染みついてしまっているという事ですね。言い換えるなら、無意識レベルの感覚に昇華している、と言う事です。

そしてその無意識の偏見が、傾聴時の障害になってしまう事があります。いわゆる、色メガネを掛けて見ているという状態です。聴いている本人は、色メガネを掛けて聴いている自覚は全くありません。そうなると解釈が食い違いますよね。相手を理解するには、その方の価値観やポリシーなどの、物事のとらえ方から理解しなければなりません。しかしこの時に私たち聴き手が持ち出してしまうのは、自らの経験からくる自分だけの価値観や常識なのです。お互い掛けているメガネが違うので、相互理解に至りませんよね。

特に、長くお付き合いがある人と話をする時に「この人はいつもこんな考えをする」という刷り込みが発生してしまいがちです。すると、目の前の方は今までとは考えを改めて

話しているのに、その方に対する過去のままのフィルタで聴いてしまいます。それこそ、「最近の若いもんは…」と、若者全員にこの様な偏見を持っているようなものです。

無意識の偏見を持っていると、

・いつも良い人が悪い考えを持っていても気づかない

・悪かった人が更生しようとしていても認めない

みたいな事になってしまいます。オオカミ少年ですね。もしあなたが指導する側だとして「素直になりなさい」と言っているとしても、**実は素直に聴けていないのは自分かもしれない、**という事が起こり得るという事です。

ゼロの状態で聴く事により、相手の話を１００％理解する事ができます。しかし偏見を持っていると、90％や80％になってしまうかもしれません。そしてこの違いが決定的なちがいを生みます。１００％の理解に近づけるコツとしましては、

・先に事実だけを聴き切る

・事実を聴き切った後に解釈を聴く

という意識を持つ事です。よくある会話としまして、

「この前、こんな事があったんです（事実）が、それが凄くイヤだったんですよ（解釈）」みたいに、事実と解釈がミックスした会話です。このような時は、分解して傾聴を深める事が大切です。たとえばですが、

・**（事実）まず「こんな事」の内訳を具体的に聴く**

・**（解釈）どう思ったのか、どう感じたのか、なぜそう思うのか、を聴く**

という感じです。

こういった聴き方をする事によって、目の前の方も事実と解釈がごちゃごちゃになっている事に気がつきます。その気づきによって、自らの思い込みで目の前の出来事を捉えていると気づく事もあります。逆に良くないのが、

「事実を聴く→解釈を聴く→追加の事実を聴く→追加の解釈を聴く」

みたいな傾聴の流れになる事です。これは時間のムダにもなりますし、お互いの感情を共にする事ができなくなり、間違えた方向に進んでしまう事があります。

傾聴力に自信があるつもりでも、なぜか深く聴き切る事ができない。そんな時は、この様な無意識な偏見が発生している事もありますので、自らを俯瞰し、自分自身に疑いをか

けるポイントの1つとして、「１００％聴けているだろうか」と定期的に自己質問してみましょう。そしてもし、聴き切れていないと思い当たる所があるなら、その要素は何なのか、そして、なぜその様な要素があるのか、を考えてみると、傾聴の本質的な阻害要因が明確になるかもしれません。

CHAPTER 4 FOUR

耳だけで聴くのは三流、五感で聴くのが一流

最近はzoomなどを活用したオンライン上でコミュニケーションをとる機会が増えています。オンラインで人の話を聴くのが苦手、という方もおられますが、実はオンラインの方が相手に対する理解度が深まるところもあります。

目を合わせて話をするのが苦手な人もいれば、目を見ながら話をしないとイヤな人もいます。オンライン上では、画面位置を変えるだけで意図的に視線を合わせる事も外す事もできます。それだけではなく、まわりの雑音を気にせず話ができるのがオンラインの良い所ですね。私はzoomなどを行う時は必ずイヤホンで行います。実は理由はカンタンで、相手が話そうとしている瞬間をキャッチしやすいからです。

人は話そうとする前に、口を開こうとします。それだけではなく、息を吸います。私が話している途中でも、です。イヤホンをしていると、相手が息を吸う音も敏感に拾う事ができます。私が話をしている途中で呼吸音が聞こえると「あっ、今何か話そうとされましたかね？」と問うと、私が話している途中でも、その方がさらに話してくれる様になります。相手が思いついた時に話してもらう。タイミングを逃すと、話したい事も忘れてしまいますので、これも傾聴における重要な要素ですね。もちろん、口を開く以外にも、身振りや手ぶりの変化など、目視でも分かる事は多々あります。

会話は基本的に、五感を通して行っていると思います。でもその五感が傾聴においてフル稼働しているかどうか。私はご相談をお受けする事がお仕事のようなものですが、時々あるのが、

・「はい」「そうですね」とポジティブな発言をしている
・でも、なぜか表情が曇っている

みたいな状況です。こういった時に五感をフル活用できていると、
「はい、と仰っていましたが、何か引っかかっておられる様な表情に見えましたが…」と問いかけます。すると「理屈としては分かっちゃいるんですけど、実は…」みたいな、

お悩みの核心部分に触れる様な発言をして頂ける事もあります。もしこの様な問いかけをせずに、相手の「はい」を耳だけで聴き、次の話に進んでしまうと、その未消化だった要素が会話上でいっさい出てくる事なく、表面をなぞるだけの会話になってしまいます。

相手は「はい」と言ってしまった手前、その会話の最後には、「分かりました」と言わざるを得ない結末を迎えてしまいます。1つ前の目次でお話させて頂いた、100%聴けているのか、90%しか聴けていないのか、その違いがこの様な所にも潜んでいます。

大切な事なので繰り返しますが、言葉は完全なツールではありません。言葉だけでは、自分の想いを100%伝える事ができないのです。大昔の人は、言葉がない状態でコミュニケーションを図っていました。ひょっとしたら、その方が相手を理解できるのかもしれないですね。私たちは、言葉に依存をしたコミュニケーションを取りがちですが、それにさえも気がついていません。

ジェスチャーを使わない日本人と、ジェスチャーをよく使う英語圏の人たち。ある実験が行われたのですが、

・日本人に英語を話させると、ジェスチャーが増える
・英語圏の人が日本語を話すと、ジェスチャーが減る

という結果だったそうです。日本以外のアメリカやヨーロッパは移民が多く、違う言語を使う人とのコミュニケーション機会が多かったのでジェスチャーが必須だった、と思われがちですが、そうではないかもしれません（諸説ありますが）。

英語というのは、ジェスチャーを使うことありきの言語とも言えます。いっぽう日本語は、擬音語や感情表現など、あらゆる単語があります。ジェスチャーをしなくても理解できる言葉という風にも言えます。となると、表現が豊かな日本語である分、しっかりと言葉にして表現してもらわないと他の言語よりも理解度が低くなるという事が起こってしまいます。どれだけ相手の想いを言葉にしてもらえるか。日本語を使っているなら、この点がより重要になるという事ですね。

傾聴とは、「耳」「目」そして「心」を活用したコミュニケーションです。耳だけではもちろん十分ではありませんし、耳と目だけでも十分とは言えません。心も通わせながら聴いていると「なぜ今、その様な言葉を通して表現したのだろうか？」という疑問が生まれてくる事もあります。五感を通して聴く事で、相手の状況をより深く理解する事ができます。相手を見ているなかで、何か楽しそうだなと感じたなら、「何か楽しそうに見えますが、何か思われたんですか」
と直接聴いてみると、考えている事を言葉として発してくれます。悲しそうな表情の時、納得していなさそうな時も同様に問いかけてみてください。「あと１つの問いかけ」で、会話が大きく変わる事もよくあります。会話時に顔を下げてはいけないですね。

CHAPTER 4 FOUR 意識すればカンタンにできる、共感を生み出す接し方

傾聴の基本スタンスは、相手に心地よさを感じてもらう事です。心地よさを感じる事により、共感度が増し、発言しやすくなります。日ごろは意識できていないかもしれませんが、この様な事を意識するだけで相手がより話しやすくなるポイントをいくつかご紹介します。

代表的なものとして、「ラポールを築く」というのがあります。ラポールというのはフランス語で「橋を架ける」という意味だそうです。結局は、より心を通わせやすい状態を作るという事ですね。コミュニケーションスキルを学んできた事がある方なら何度も聞いてきた事でしょう。でもこれ、本当に意識的に取り組まないとなかなか出来ないんですよね。

ラポールのなかで、ミラーリングと言われるものがあります。一例としまして、

・**相手と会話の音量を合わせる**
・**相手と話すスピードを合わせる**
・**相手とジェスチャーを合わせる**
・**相手と「使う単語」を合わせる**

というものです。これらの事を行う事により、相手はより心地よさを感じ、心を開きやすくなります。そうなると、どんどん話してくれる様になります。

私はのんびり話すタイプなのですが、話すスピードがとても速い人と話す時は、できる限り早く話す様にしています（とは言っても、元々ゆっくり話すので、早口で話すと噛んでしまう事もありますが）。こういった事も、「意識的に」しなければ、できないものですよね。それだけではなく、そう言った所まで観察出来ていなければ、会話スピードの違いに気づく事さえありません。

分かりやすいのが、会話の音量です。カフェでもレストランでも、大きな声で話す人もいますよね。そんな方に小声で話しかけると「ん？何て言った？聞こえない」と、相手から求められます。これは、相手が心地よくないと言っているのと同じです。逆も同じく、

小声で話したい人に大声で話をしちゃうと「恥ずかしい、この空間がイヤだ」という印象を与えてしまい、心を開けなくなってしまいます。小さな事のように思いますが、会話以前の心地よい空気感を生み出せるかどうかで、相手の心の開き方が大きく変わります。

ラポールを意図的に行いすぎると違和感を覚える事はありますが、私は「会話スピード」「音量」「使う単語」「表情」あたりは、常に合わせる様にしています。ジェスチャーはいやらしくない程度に合わせています。あとは「視線」も意識しています。目を合わせたい人には目を合わせて、目を合わせて話をするのが苦手な方とは、目を合わさない様にしています。ただ自分の関西弁は直りません（直そうとしていませんね…）ので、標準語を話す方には申し訳なく思っています。全てが全て相手に合わせられなくても、意識を持つ事が大切ですね。

「ラポールを築く」を、現段階で実践していなくても、相手への理解度を高めたい、お互い主体性を発揮できる関係を構築したいと思われるなら、ぜひ意識的に取り組んでみてください。難しいテクニックは不要ですし、とにかく相手と合わせていくという意識だけでできる事です。特に会話スピードと音量は、意識すればすぐに取り組めます。

CHAPTER 4 FOUR

言葉は不完全ツールである

前にも触れたお話ですが、大切な事ですので改めてお話させて頂きたいと思います。まず大切なのは、

「相手が言った言葉を鵜呑みにしない様にする」

という事です。えっ、どういう事!?と思うかもしれませんが、

【人は言葉にする前段階で既に考えており、適度にまとまった上で言葉にするので、言葉として省略されている事がある】

という事です。

心理学でもよく言われる事としまして、

- **省略**
- **一般化**
- **歪曲**

この3つです。1つずつ説明していきます。

・省略

代表例で言いますと、英語で言う「５Ｗ１Ｈ」、いつ（when）、どこで（where）、だれが（who）、何を（what）、なぜ（why）、どの様に（how）、が抜けがちになるという事です。例えばですが、

「（こんな）事があって…」

というお話を目の前の方がしていたとします。もし５Ｗ１Ｈを意識せずに聴き続けてしまうと、

「それ、これからどうするんですか？」

みたいな問いかけをしてしまうかもしれません。でも実は、

「それは過ぎ去った過去の話ですよ」みたいな感じで返される事もあります。なので、

「それはいつの話ですか？」

という情報が抜けているなら、聴かなければなりません。いつ（when）だけではなく、５Ｗ１Ｈ全てを聴けているか。５Ｗ１Ｈの１つでも欠けているなら、それをしっかりと聴いていきましょう。すると相手の事がよく理解できる様になりますし、相手も自ら話をしてさらに整理できる様になります。

英語では、主語である「Ｉ」「ＹＯＵ」などがありますよね。でも日本語においては、

主語が無くても会話が成り立ちます。主語が抜けている事に気づかずに聴き続けていると、

「大変だったんですね」とこちらが言っても、

「いえ、それは私の話じゃなく…」

みたいな事も起こります。この場合は「誰の話ですか？」という問いかけが必要ですよね。省略は日本語において本当によく起こる事ですので、この観点からも注意して傾聴を進めていくのが良いと思います。

・一般化

「主婦は◯◯するのが仕事だ」

「主人は◯◯であるべきだ」

「管理職というのは◯◯でなければならない」

「仕事においてはモチベーションが高くなければならない」

「クラスのみんなが（ゲーム名）持ってるんだよ」

みたいに、

【すべての人が例外なくそうである】

と考えてしまう事です。モチベーションが高くなくても、冷静に淡々と仕事がこなせる

なら、何の問題もありません。主婦はこうでなければ、という事もありませんよね。という風に、**「相手が言っている事＝当たり前の事」と、特に疑問を感じずに、そのまま聴き続けてしまう事がよくあります。**

ではこのような時にどう対応すれば良いでしょうか。例えば目の前の方が

「管理職というのは〇〇でなければならない」

と発言したとします。すると、

「〇〇でなければ、という事ですが、今まで見てきた管理職の方で〇〇の人もいれば、そうではない人もいたのではと思いますが、いかがでしょうか」

という問いかけをします。すると、〇〇じゃなくても素晴らしい管理職の方がいた事を思い出してくれるかもしれません。目の前の方にとっては固定概念かもしれませんが、実はそうではないという事はよくあります。この一般化も意識的に相手の言葉を聴く姿勢によって発見できます。

・歪曲

「忙しいから（前）、できない（後ろ）」

「あの会社は〇〇だから（前）ダメだ（後ろ）」

「Aさんは○○なので（前）、仕事を任せられない（後ろ）」みたいに、前と後ろをひん曲げて繋げてしまっている様な表現です。たとえば「忙しい」のと「できない」のは、完全なる別物です。「忙しいので、1日3分ずつやる」であれば、言葉として正しくなります。「あの会社は○○だ（ネガティブ要素）」と言っていたとしても、すべてにおいてダメではないので、「あの会社は○○なので、依頼をする時はこの点に注意をして依頼しなければならない」なら日本語として正しくなりますよね。同様に、「Aさんは○○」であっても、Aさんに任せられる仕事はあります。

という風に、**意識して聴かなければサラッと流し聴きしてしまうおかしな表現が日常会話でよく起こっているという事です。**これが歪曲ですね。私が本を書く時に、「忙しいので後回しにする」と言っていたとします。前半の「忙しい」に対し、「イコール、できない」と持ってきたくなる所ですが、「朝5分ずつなら少しずつ進められる」と思います。という風に、目の前の方が自らの可能性を自分でつぶしてしまっている事にさえ気づいていない事もありますので、この歪曲も冷静に聴き、おかしいと思った時には、「忙しいとの事ですが、その中でもそのプロジェクトを進めていく方法はないものですか」という問いかけも大切になります。そうする事で相手の可能性が広がりますね。

私たちの傾聴力次第で、目の前の方の可能性をより大きくする事ができる、という事を少しお分かり頂けたでしょうか。

CHAPTER 4 FOUR 的確な質問——相手の言葉をスケッチしてみよう

「傾聴」と「クイズ」はちがう、というお話です。これからある動物の特徴をお伝えしますので、それらの情報を元に、何の動物か当ててくださいね。

・体がとても大きく、皮膚がグレーで、表面がザラザラ
・鼻がとても長い
・耳が大きくて，鼻の横に角が生えている
・「パオーン」と鳴く

分かりましたか。これはゾウの事ですね。もしクイズでこの様に特徴を伝えられたら、「ピンポン、ゾウ！」

みたいな感じで答えるのだと思います。これがクイズであれば問題ありません。しかし、これと同じ様な事を傾聴で行ってしまう事がよくあるんですよね。

先ほど書きましたゾウの特徴。これらの特徴を持つ動物は、ゾウだけではないかもしれませんし、新種の動物かもしれません。にも関わらず、私たちの頭の中には、

「この特徴はゾウ以外にない」

という言葉がよぎってしまいます。この様な状態になると、ここから先は聴く事に対して注意散漫になり「どうせゾウの話でしょ」という感覚で続きを聴いてしまうのです。「分かったつもり（当てたくなる気持ちも発生しています）」が傾聴を阻害してしまうという事ですね。

もし、この様な説明のあとで、

「そう言えば、頭のてっぺんにユニコーンみたいな角が生えていたな…」

という追加の説明があるとします。すると、説明を「言葉」だけで聴いている人は、

「えっ!?ゾウと思っていたのに、ツノ??新種のマンモス??」

となるでしょう。要は、**決め打ちをしていたので、すべてを覆される**という状態です。

ですが、ここまでを言葉として聴いたのではなく、頭の中にスケッチをする感覚で聴いていたなら、

「なるほど、頭のてっぺんに角ね」

と、頭の中のスケッチに、さらなる色を追加する様な感覚で聴き続ける事ができます。単なる追加情報として捉えられるので、ここで驚くことさえないという事です。分かりやすく言うなら、絵描き歌の続きを聴いているようなイメージですね。

ツチノコの絵を見た事があるけど、実物を見た事がない人がほとんどだと思います。もし、ツチノコを実際に見たという方があなたの前でツチノコの特徴を言っていても、

「それはヘビの子供じゃないの？」とか、

「トカゲの太ったヤツじゃないの？」という風に、

【自分が知っている情報に無理やり寄せていこうとする】

事が傾聴でよくあります。これが傾聴を阻害する無意識な偏見になります。

私たちは、私たち独自の経験や価値観を持っています。私が大好きな肉料理を全ての人が好きなわけではないし、私の様にカナヅチで海が嫌いと言う人に無理やり泳ぐことを強要しても、カナヅチを克服したい人もいれば、完全拒絶の人もいます。

「あなたと私は、いつか必ず同じ価値観を共有できる」とか、

「今は分からないだろうけど、いつかこの良さを分からせてあげたい」

と考えるのは、相手が望んでいる事ではないという事です。

重要ポイントなので再度繰り返しますが、傾聴においては、

・言葉は、不完全なものであるという事

・相手が話している言葉は、情報の一部に過ぎないという事

これらを踏まえた上で傾聴を深めていく事が大切です。そして、自らの偏見を持たずに聴くコツとしては、言葉を聴くのではなく、相手が言っている事をスケッチする感覚で聴く事です。スケッチしていくと、必ず不足情報がある事に気がつきます。ゾウの話で言うと、「口はどうなってるの?」「陸上で生活?海で生活?」なども不足情報ですよね。不足が見えてきたら、それについてさらに深く問えばスケッチが完成していきます。そんな感覚です。

CHAPTER 4 FOUR 言葉の「語尾」まで注意を払いましょう

語尾で傾聴が大きく変わる、というお話です。例えばですが、「以前から○○と言っておられましたね」と、

「以前から〇〇と言っておられましたが」の違い。

前者の場合は、「そうですね」「はい」などの回答で完結してしまいます。しかし後者の問いかけには「おられましたが（それについてはいかがでしょうか）」というニュアンス的な要素が含まれますので、

「そうなんですよ、実は以前から…」

という風に、さらに話をしてもらいやすくなります。という感じで、言葉の語尾まで意識をして返答をするだけでも、会話の膨らみが大きく変わります。

他の事例としては、

「ここまでお聞きしていいて、〇〇と感じました」と、

「ここまでお聞きしていいて、〇〇と感じましたが（いかがでしょうか）」のちがい。

「こういう事が大切ですね」と、

「こういう事が大切との事ですが、他にもお考えの事がお有りなのでしょうか」のちがい。

「そう言う考えもありますよね」と、

「そう言う考えとの事ですが、そう考える事自体をどう捉えていますか」とのちがい。まったく会話の膨らみ方が違いますよね。

以前の章で書かせて頂きましたが、問いかける側が会話をリードする側になります。目の前の相手の発言が膨らまない時は、問いかけ側の対応に見直し余地があります。「そうですよね」と言われたら「はい」としか答えないですよね。ちょっと意識するだけで行える事としましては、**【問いかけで終わる】**という事です。例えばですが、ふと会話が途切れた時。そんな時に、

「ここまでお話のなかで、何か気づかれた事はありますか」
「何か伝え切れていない事などありますか」
「で、いかがでしょうか」（相手が前のめりでドンドン話をされている時）
というアプローチで、相手の想いをさらにアウトプットしてもらえる様になります。

傾聴にある程度自信がある方は感覚的にこの様な事をされていると思いますが、あまり自信がない方は、最後は問いかけて終わる、と言うのをいま一度意識して頂ければと思います。

CHAPTER 4 FOUR

自分の得意分野に気をつけよう

もし私が、カレンダーを制作する会社の営業パーソンだとします。ある会社の社長さんから「仕事の依頼をしたいから来て欲しい」というお問い合わせがあり、訪問しました。

社長「カレンダーを作りたいんだよね」

私「カレンダーですか。弊社はカレンダー制作をメインで行っている会社ですので、ぜひお任せください！」

私「どんなカレンダーを望まれていますか？」

この会話、不自然さは特にありません。特に、自社（自分）の強み関連のご依頼を頂いた時というのは、この様に前のめりに対応してしまいがちです。ただその結果、大切な事を見落としてしまっています。

「どんなカレンダーを…」という風に進めてしまうと、依頼の背景情報を聴かずに進めてしまう事になります。目の前の方をしっかりと理解する事によって、要望に限りなく近

いカレンダーを作る事ができます。その背景情報を知るための質問としましては、

「ちなみに、どうして弊社にご依頼を頂いたのでしょうか」

「御社ほどの規模であれば、相応の取引業者さんが既にいると思うのですが、そんな中でなぜ弊社にご依頼を頂いたのでしょうか」

「ちなみに、カレンダーをどの様に活用しようとお考えなのでしょうか」

このような問いかけをする事ができますよね。この様な事をお聴きする事で、制作側もより具体的なイメージをもって取り掛かる事ができます。

特に自分の専門分野になった時は、最初のひと言で「任せてください」と、3歩飛ばしくらいの感覚で進めてしまいがちです。この社長さんの背景はいろんな事が考えられますが、

・今まで付き合っていた会社さんとトラブルがあり取引が終了した

・1社のみの取引となると情報量が少なくなるので、2社以上の取引をする様にした

・本当は弊社にその他販促物も色々と依頼したいが、最初のお試しという事で、比較的安価なカレンダーを最初に依頼してみた

・相見積もりを取るつもりで問い合わせた

他にもいろんな事が考えられます。

この社長さんは、これらの背景をしっかりと理解しようと考えてくれる所に依頼したいと思っているかもしれません。かゆい所にまで手が届く（本人が気づいていない事まで考えてくれる）様な提案は、プロフェッショナルと捉えてもらえる可能性も高く、継続取引においての重要な要素になります。

ちなみにこのカレンダーの事例は、実際にあった話です（私のクライアントさんである印刷会社さんの事例）。この印刷会社さんは、「御社ほどの会社なら既に出入りしてる業者さんがいると思うのですが」と問いかけました。すると、「今まで依頼していた会社の営業担当が変わり、どうもうまく伝わらないので…」というのがキッカケでした。そしてそこから傾聴スキルを活かしたヒアリングを行い、今まで他社さんに依頼していた注文をほぼ乗り換えて頂いたそうです。「カレンダーですか、任せてください」で終わっていたら、単発取引だったかもしれませんね。

得意分野への依頼というのは、「試されごと」と考えるくらい、慎重に対応する方が相手を理解する事ができます。苦手な事、未知な事については、誰もが注意深く、慎重に聴く事ができます。逆に言えば、得意分野ほど「きっと○○だろう」という決めつけが発生しますので、得意をさらに活かす為にも、さらなる深掘り傾聴を意識してみましょう。

CHAPTER
5
FIVE

聴くスキル②

相手の会話を膨らませるスキル

「評価」…ただの煽り
それ
40点
「助言」…おせっかい
ついで教えて
あげると
「ダメ出し」…否定、下げ
いつも
できないね

目の前の方が次々と話してくれる様になるテクニックをご紹介しています。こちらから無理やり話す事なく、相手が話してくれるようになる。これが傾聴時の理想ですね。

CHAPTER 5 FIVE

傾聴を深めるための4つの基本的要素

傾聴における基本中の基本とも言えますが、これもやはり意識的に取り組めているかどうかが大切になるポイントです。分かっている人は多いかもしれませんが、おさらいの意味でも再度ご確認ください。

1. 意志

傾聴のファーストステップは、相手が話している事をしっかり聴こうという明確な意志を維持し続ける事です。これが欠けてしまうと、すべての傾聴スキルが意味のないものになってしまいます。**傾聴が上手く行かない原因のほとんどが、聴こうという意識欠如によるものです。**これがないと、いい加減な聴き方になりますし、正しい理解が得られない結果に終わります。傾聴のマインドセット。これが傾聴力の土台ですね。

2. 関心

相手の立場、相手との関係性はいっさい関係なく（誰であっても）、自分が今している事は完全にやめ、自分の考えは完全フラット（ゼロ）にし、**全面的に相手の為に一緒にいてあげる事が大切です。**耳だけではなく、五感すべての関心を相手に向ける事が大切です。答えありきで聴いてしまっていると、相手はあなたの事を無関心な人だと感じてしまいますので気をつけましょう。無意識の色メガネを掛けていないか、毎分毎秒チェックですね。

3. 理解

相手を理解するためには、相手が話している内容を正確に把握するだけではなく、相手の気持ちもわかってあげようとする事が大切です（事実と解釈の2点です）。自分の価値観軸で考えずに、相手の立場に立って、相手の状況や感情を理解しようとする必要があります。共感が大切です。途中でさえぎらず、最後まで聴く（出し切ってもらう）事を意識しましょう。

4. 反応（この点がもっとも傾聴を深めるポイントです）

相手がリズムよく、より話しやすくなる様になるためには、適切な反応が大切です。タイミングよく適切な反応をする事で、相手は自分に関心を持ってくれている、自分を理解してくれていると感じるので、どんどん素直に話してくれる様になります。

まずはここまで、この４つが日ごろから出来ているかどうかをぜひチェックしてみてください。意外と盲点なのは、「意志」ですね。スキルを学べば学ぶほど、この意志が欠如してしまう事が本当によくあります。４の反応については、次の目次で具体的に解説していきますね。

CHAPTER 5 FIVE 主体的発言を促進する反応４ステップ

先ほどの「反応」の仕方を具体的に現した内容になります。これらの事をマスターすれば、傾聴力がグンと増していきます。

①相づちや促し　「うん」「なるほど」と、相手のリズムに合わせて返す
②オウム返し　相手が言った言葉をそのまま繰り返す
③言い換え　相手が言った事や相手の気持ちを少し違った言葉で言い換える
④要約と確認　相手の話をまとめ、話の内容と相手の感情を確認する

①相づちや促し

声に出して相づちを行う事が大切です。相手の会話スピードやリズムに合わせて、カラオケの掛け声みたいなイメージで、さらにテンポよく話をしてもらえる様に意識をしていきましょう。ただ良くない相づちは、

「はいはいはい」「うんうんうん」

という様な、

「この人、もう聴いてないでしょ！」と、気が抜けた様に捉えられる「何度も繰り返し相づち」ですね。クセになっている人もいますので、気をつけましょう。

②オウム返し

相づちや促しが無意識でできる様になれば、次はオウム返しです。

「読書が趣味なんです」「そうなんですね」ではなく、

「読書が趣味なんです」「読書が趣味なんですね」と返すイメージです。

この時、「私もなんですよ」とか、「読書、小説なんかも面白いですよね」と、あなたが言いたい事や、**余計な単語を加えずに返す事が、相手がリズムよく話せるポイント**です。

このオウム返しにより、続きの話をより膨らませて話してもらいやすくなります。大切なポイントは、シンプルに返す、です。捻（ひね）らない事がオウム返しのコツです。

③言い換え

オウム返しも無意識に出来る様になれば、次は言い換えです。例えば、

「昨日は焼肉を食べてる途中にお腹を壊しちゃって、途中で食べられなくなって…残念」

「満腹前に目の前でジュウジュウと焼けてる焼肉を食べられなくなっちゃったんだ」

なぜ焼肉が例えなのかは置いといて（笑）、こういう感じです。この様に言い換えを活用して問いかけると、

「そうなんだよ！」と気持ちが前のめりの状態で話を続けてくれる様になります。さらには、「私の事を理解してくれているな」という風に捉えてもらえます。

④要約と確認

そして最後に要約と確認です。「要約」と「確認」を分けて説明させて頂きます。

これらが自然にできる様になれば、「この人は本当に信頼できる人だ」と思われる様になります。

まず「要約」について。例えばですが、

「最近、筋トレにハマってるんだ。筋トレはすぐに効果が現れるから、コツコツ続けて

いくのが楽しみで仕方ないんだよ」

と目の前の方が言ったなら、

「筋トレか、良いね！成果が目に見えると、モチベーション高く続けられそうだね！」

みたいな感じです。要約＝まとめ返し、というイメージですかね。要約により、こちらの理解度を示す事ができます。

そして「確認」について。例えばですが、

「今○○という悩みがあって、それを解決する為に△△や××もやってきたけど、全くうまく進まずに、ここからどう進めていけば良いのか分からなくて、ちょっと助けてよ」

という事を目の前の方が話されたとします。それに対し、

「なるほど、○○を解消しようと△△や××をやったのに、悩みが解消されるイメージも全くわかず今に至っていて、解決への活路を見出したい、と言う事だね」

というと、「そうなんだよ」と言ってくれるでしょう。この「確認」については、傾聴において唯一と言ってよいほどのクローズドクエスチョンを使うイメージです。

要約と確認ができる様になれば、相手の頭の中のイメージを完全にスケッチできている

様な感覚を掴めていると思います。そうなると相互理解度が増しますし、話している相手もあなたに対しより心を開いてくれる様になります。

ただこれも、実践で慣れる以外にありません。ホントにそれしかないのです。この5章と6章ではあらゆるスキルをご紹介しますが、一気に全部マスターしようとすると、浅く広くになってしまいます。そして、やがて忘れてしまう…となってしまいます。もったいないですよね。

まずは今日、この1つを意識して取り組む。そしてその経験による気づきから、次はこういった事を意識的に取り組んでみる。という風に、1つ1つ着実にマスターしていく方が、結果的には傾聴力がアップしていきます。そして、実践しようと思った事を落とし物の様に忘れない事が大切です。1つ前の第4章でお伝えさせていただいたミラーリングにおいて、相手と会話スピードや音量を合わせる事も、きちんと覚えてくれていますか。

CHAPTER 5 FIVE

求められていない傾聴とは？

先に答えを言いますと、求められていない傾聴とは、「評価」「助言」「ダメ出し」「探索」こういった事です。でもこれは、聴き手と話し手の立場によっては自ずと起こってしまうものです。言い換えるなら、「評価したくなる」のです。これも自らの中にある何らかの承認欲求から来ています。例えば、経営者と従業員、もしくは上司と部下。経営者（上司）は従業員（部下）を評価しているつもりはないのですが、無意識的に従業員（部下）のダメなところに目が行き、

「○○さん、ちょっとついでに話しておくと…」（「ついで」がすごいインパクト…）

みたいな前置詞的な言葉の後に、ダメ出しや助言をしてしまいます。会話の主題ではないのに、主題以上に強烈な精神的ダメージを負ってしまう事になりますし、

「話すんじゃなかった…」

と従業員は思ってしまうでしょう。こうなると、心の距離どころか、物理的な距離も離れてしまいます。そしてその離れてしまった状況を経営者及び上司は、

「どうしてこんなになってしまったのだろう…」

と自分で気づかない状況となってしまいます。

自らの「良かれと思って」は、必ず相手にとっても良かれという訳ではありません。さらに言えば、

「私はこれを乗り越えた事でここまで来れたから、この大切さを教えてあげてるんだ」

と思っていたとしても、話を聴いている側の人は、必ずそのルートを経由したいと思っていません。余計なおせっかいほど、余計なものはないという事ですね。価値観を他者に強要してはいけません。「いや、これは価値観じゃないんだ。絶対的な事なんだよ」と思うかもしれませんが、私たちの絶対はたいてい、絶対ではないのが実情です。

特に上下の関係となると、

「自分で考えるなんて、まだ早いよ」

と、自分は目の前の方より優れている、または優れている所がある、という前提で考えてしまうものです。しかしこの考えがあると、傾聴スキル以前の考え方が整わず、傾聴の基本要素である「意志」がどこかに行ってしまっています。

アドバイス好きな人の特徴の1つとして、メサイアコンプレックスというものがありま

す。メサイアコンプレックスとは、「自分には価値がない」「自分は不幸な人間だ」といった劣等感を抱えている人が、自分よりも優れていないと考えている他者を助ける事によって、自らの劣等感を補おうとする心理を指します。

いずれにしましても、自らの考えが言葉に現れるという事ですね。傾聴を深めるのは、どうやら自分を俯瞰する事にもつながりそうです。目の前の情景は、自分が生み出している。そう考えるのが主体的思考ですね。

CHAPTER 5 FIVE

呼び水として使える4つのテクニック

私が傾聴を深める為に活用しているテクニックをご紹介します。

私たちは面と向かって、

「あなたのココがダメです」「あなたのこの部分がキライです」

なんて言われたら凹みますよね。目上の人にこんな事は口が裂けても言えません。同様に、

「こうしなくちゃいけません」という命令口調で言われるのも、受け入れがたいものです。

ではどうすればフラットな気持ちで相手に受け入れてもらえる様になるでしょうか。

ここからご紹介するテクニックは、

・立場や関係性にかかわらず、相手にポジティブに受け入れてもらう様になる
・主体的な意見、行動や言動を見出していただく
このような作用を生む事ができるものです。
私がよく使うパターンとして、

・「**例えば**」
・「**自分の経験**」
・「**他者事例**」
・「**一般論として**」

という言葉を使います。

まず**「例えば」**ですが、
「例えば、こんな事をやってみるのって、いかがでしょうか」
みたいな感じで使います。もしこの様な言い方ではなく、直接的に
「こうやってみるのが良いと思います」

となれば、ダイレクト感が増し、前者よりも伝わる柔らかさが大きく下がってしまいます。かつ、続きの意見の出やすさ、出にくさが大きく分かれます。同じ言葉を伝えるのでも「例えば」という言葉を挟むだけで、かなりマイルドになります。目上の方にも活用できるのはもちろん、目の前の方を尊重しながら活用できる表現です。

次に**「自分の経験」**です（自虐的な話が多いです）。例えばですが、**目の前の方が大きな過ちに気づいていない**とします。そんな時に、

「私は今の状況と同じような経験をしました。その時は夢中で気づかなかったのですが、こうやって考えてやったつもりが、◯◯という大切な事を見逃してしまっていたんです」

みたいな感じで伝える、というイメージです。これも、

「私はこうだったから、こうすべきだと思います」ではなく、

「こんな経験でこんな事を学んだ」と、

客観的な経験として伝える事が大切です。そうする事で、目の前の方が客観的に物事を考えられる事ができ、

「あっ、確かにそう言った事は起こるかもしれない」「その点を見逃していた」

と、冷静に判断できる様になります。これも相手の主体的意見を引き出すアプローチで

すね。

そして**「他者事例」**です。他者事例は自分の経験とよく似ています。目の前の相手に突きつけるのではなく、他者の成功事例および失敗事例を匿名で伝える事によって、第三者目線から「はっ」という気付きを得てもらえます。

また、**「一般論として」**というのもうまく活用できます。目の前の方が気づいていない事があるなら、

「一般論として、傾聴を学び始めた当初はとても意識的に取り組んでいたので上手く進められるのですが、しばらく時間が経てば、無意識にその意識が薄れてしまい、傾聴力が落ちたと感じる事がよくあるんですよ」

みたいな感じです。こう伝えると、「確かに自分もそうなっているかもしれない！」と気付かれる事があるかもしれません。

直接伝えると圧が強くなりますし、それを受け入れられない人もいます。言いたい事があるなら、それを他者事例「風」に言う。相手を敬い続ける事。コレも傾聴に大切な要素ですね。実際に使ってみないと分からないかもしれませんが、相手が引き続き話しやすく

なりそうなイメージが沸きませんか。

CHAPTER 5 FIVE

「分からないから教えて欲しい」への適切な対処法

人を支援する立場で仕事をしている人なら、

「分からないから教えて欲しい」

と言われた事は何度もあるのではないでしょうか。そう求められたのでその通り教えた。すると「分かりました！」という返事はあったが、結局は動いてくれなかった…、という事はよくあります。主体性がないコミュニケーションでは、この様になってしまいます。

目の前の方が主体的に取り組んでくれる様になるには、「分からないから教えて欲しい」を分解する必要があります。例えばですが、

「英語が分からないから教えて欲しい」

と言われたとします。でも、中学校、高校と出ているなら、「This is a pen」くらいは分かるでしょう。という事は英語理解度が0％ではない、という事になります。

良い意味で、目の前の方の言葉を鵜呑みにしてはいけません。「分からないから」と言われたら、

・分かっている事
・分かっていない事

まずこれらを明確にしなければなりません。そして、「教えて欲しい」の目的も理解する必要があります。その上で分かっている事、分かっていない事を聴いていきましょう。


「英語が分からないから教えて欲しい」と言われたなら、

「どうして英語を教えて欲しいと?」を確認しましょう。例えばその方が、

「いや、実は今度、海外の会議でプレゼンをしなくちゃいけなくて」と言ったとします。

さらに分解が必要です。この「プレゼン」についても深く聴きましょう。たとえば、

「プレゼンって、どんな?」と聴くと、

「いや、5分のプレゼンをするだけで、質疑応答がないから話すだけなんだけど…」

と答えるかもしれません。となると、5分のプレゼントークを作るのをお手伝いするだけで良い、という事ですよね。この場合、英語を根本から教える必要はありません。

こういった事を確認せずに、「英語?オッケー、任せて!」と、「そもそも英語を学ぶには…」みたいな、難しい教え方をする必要はいっさいありません。基礎から教えるとなると、教えられた側は「それは知ってるから大丈夫なんだけど…」と考えます。でもこの様な事は本当によく起こります。

どんな事におきましても「教えて欲しい」という言葉は、0から100までという事ではないという事です。言葉というのは、本当に抽象的な表現が多いものです。抽象的であると気づく事が大切ですし、その抽象度が高い言葉を分解していく為に、適切な問いかけが必要であり、その問いかけによって相手の方が要望を話しやすくなります。

そして、抽象度の高い言葉を分解していく際には、オープンクエスチョンを率先して使う事が大切ですね。頭の中で推測を持ったうえで訪ねてしまうと、

「○○、という事かな?」とか、「○○、ですよね」と、

クローズドクエスチョン(「はい」か「いいえ」の返答を求める質問)で、相手の思考を制限してしまう様な事が起こります。そうではなく、

「どういう用途で使うの?」

「基本的な事は分かってると思うけど、何が知りたいの?」

「英語と言っても幅があるけど、具体的には？」

「どうしてこのタイミングで勉強したいの？」

と、5W1Hを聴き出せるオープンクエスチョンによる問いかけを意識していきましょう。

これも大切な事なので繰り返させて頂きますが、傾聴においては
「相手の中に答えがある」

と信じ切ったままに進めていく事が求められます。「分からないから…」というのは、本当に分からないからではなく、

【その分野に関して完璧ではない＝分からない】


と考えている可能性が非常に高いです。でも実際には、すべてを完璧に理解していなくても出来る事がほとんどです。こういった事も傾聴力を高める事で、本人が「今でもできるんだ」と自分の力に気づく事も多々あります。

傾聴力が高くなると、相手に対する問いかけだけで相手が自分で気づき、自らやる気を出し動いてくれる様になります。そうなれば、傾聴がますます楽しくなりますよね。

CHAPTER 5 FIVE

話が暴走しがちな方への対応

漫才の様な勢いで話を続ける人がいますよね（笑）。それは性分ですから仕方ありませんし、ご本人もきっと話していて楽しいのでしょう。とは言っても、いざ仕事となると、どこかで暴走をやめ、本題に戻ってもらう必要があります。

些細なテクニックなのですが、わざとらしく口をはさみ、

「あれっ、すみません。そう言えば何の話をしてましたっけ？」と、すっとぼけて言う事もできます。「すっとぼける」のと、「あれっ」というのもポイントですね。ほかにも、王道の対応で言うなら、

「話が逸れてきましたね。そろそろ本題にもどしましょうか」とか、

「今日は時間が○時までとの事ですが、この様な時間の使い方が望ましいでしょうか」

みたいに、本人に考えを戻してもらうキッカケになる問いかけもできます。

コミュニケーションにおいては、主たる目的を果たす事を忘れてはいけませんし、時間が有限である事も忘れてはなりません。傾聴を深めようとするとやはり時間もかかります。

その時間をより有意義なものにする為にも、主題をしっかり深めていく事ができる時間にしなければなりません。

話が暴走しがちな方への対応は、カンタンに活用できる1つの型みたいなものです。ほかにも、○○な傾向がある方への対応みたいなものとして考えられる事もあるかもしれません。傾聴を深める大切なポイントは、

「相手が主役である事」「相手が心を開いた状態である事」

になりますので、これらを抑えた上での対応の型をご自身で見出していくのも良いと思います。

CHAPTER 5 FIVE 意外と重要な「どうなんですか？」

次の言葉は、ポジティブに見えるでしょうか。それともネガティブに見えるでしょうか。

「忙しいんですよ」「大手取引先１社との取引が終わりまして…」

「今までとは違うタイプの従業員が入社し、その対応に追われていて…」

「従業員が３人辞めたんですよ」「奥さんと大ゲンカして…」

これらは、一概にポジティブともネガティブとも言えません。例えば「忙しい」。ここ数カ月は仕事がヒマになっていて、急に新規取引先さんが増えたので忙しくなった。こんなシチュエーションであれば、ポジティブな忙しさでしょう。でも、1つの仕事に過剰に時間が掛かってしまい、他の業務に支障をきたしている。という状況であれば、この忙しさはネガティブに捉える可能性が高くなりなります。

奥さんと大ゲンカした、と言うと、ネガティブに見えがちです。ですがこのご主人さんは日頃から無口なタイプで、奥さんに言いたい事が言えないタイプだとします。そして今回、奥さんに今まで言い切れていなかった事を全て伝え、お互いに理解が深まったケンカであれば、ポジティブと言う事になりますよね。

という風に、目の前の方のひと言を聴いただけでは、その人の本音が見えない事がたくさんあります。にも関わらず、これも「分かったつもり」になってしまうのです。分かったつもりになってしまうと、

「大手取引先1社との取引が終わりまして…」

「そうなんですか。それは痛いですね」

「いえ、実は粗利が弊社取引先の中で断トツ低く、かつイレギュラー対応も多かった所

なので、取引継続を好ましく思っていなかったので逆に良かったたんです」

というやり取りになってしまいます。

この様に「そうなんですか。それは痛いですね」と言ってしまうのは、自己解釈が入ってしまっている証明とも言えます。相手が見ている景色とはちがう情景を思い浮かべてしまっているからこそ、この様に早合点な解釈になってしまいます。

「忙しいんです」「取引が終わりまして」「従業員が退職しまして」

このような言葉を聴いただけでは、分かるのは事実のみです。この時に私たち自らの解釈を入れるのではなく、相手の解釈を深く聴く事が大切です。聴き方としては、

「それって、どうなのでしょうか」

これで良いと思います。

「忙しいんです」「忙しいんですね。忙しいのは、どうなんですか」

「嫁さんとケンカしまして」「ケンカですか。ケンカして、どうなん（だったの）ですか」

「教育に時間が掛かりそうな従業員が入社して…」「入社して…、どうなんですか」

みたいな感じです。

「それについて、どうお考えですか？」みたいな問いかけでも良いと思います。イメージとしては、あまり型にはまり過ぎない問いかけのほうが良いと思います。好みで使い分けてください。

1000万円というお金も、人によって解釈がまったく違います。大金と捉える人もいれば、数日分の小遣いと捉える人もいるでしょう。時計を買う人もいれば、投資に回す人もいるし、オシャレな服を買う人もいますよね。人はそれぞれの価値観を持っていて、その価値観の上で解釈をします。解釈は人に強要できるものではありませんし、強要したところで、目の前の人が主体的に動く事もありません。従業員教育においても、ビジネスパートナーでも、プライベートでも同じです。

私はよく、「最近どうですか？」とお聞きします。なんとでも回答できる、抽象度レベルが最大の質問ですよね。日本語の便利なところです。特に会話の冒頭でこの様にお聴きする事があります。その理由は、相手が話したい事を優先的に話してくれるからです。そうする事で、相手が望んでいる事の輪郭が少しずつ見えてきます。

「解釈」を聴いているつもりが、実は深い解釈までは理解し切れていない。となると、その後の会話が噛み合いません。人に強要されてイヤな想いをした経験はきっとあるでしょう。強要されている時は、聴き手の価値観や解釈をベースに進めようとされている時とも言えます。反面教師的にそこからも学べますよね。

ほかにも、

「言い残している事はありませんか」

「私が聴き洩らしている事もある様に思うのですが、いかがでしょうか」

という問いかけもできます。少し譲歩したような問いかけをすると、ここまでの会話で取り上げられていなかった事について相手が話しやすくなります。

繰り返しますが、問いかけの質が傾聴の質になります。しっかりと傾聴を深めたい時は、「聴き切った、もう大丈夫」という所からもさらに相手に意識を向け、確認質問をする様にしてみましょう。

CHAPTER 5 FIVE

傾聴力を高める、「ここまでで、どうですか？」

話したいタイミングで話してもらわないと、せっかく思いついた事を忘れられてしまいます。聴き手のマシンガントークは最大の難敵ですよね（笑）。傾聴においては、「あなたが自由に話す時間です」

というスタンスで進めていく事が大切です。そのスタンスを保ち続けるためには、定期的に立ち止まる機会を設ける事を意識してみましょう。次々と進みたい所ではありますが、この様な問いかけで定期的に振り返る機会をぜひ取ってみてください。

「ここまで、どうですか」

「ここまでで、何か気づいた事はありますか」

こうする事で、振り返りながら、話し漏れという落とし物をできる限り減らして進めていく事ができます。**また、会話の空気が重くなってきた時も、この様な問いかけでその空気感をフラットに戻す事もできます。**

また、この様な問いかけを会話中に「定期的」に行う事によって、

「このまま話を進めていきたい」

「この事よりも、こっちの事について考えたい（進めたい）」

「ここまで○○について整理出来てきたけど、まだ具体的なイメージが沸いていないので

ここからもう少し具体的にしていきたい」

という様な回答が出てきます。この質問から、さらに望ましい進め方ができますよね。**会話には、常に分岐点があります。**その分岐点を間違えてしまうと、違うゴールにたどり着いてしまいます。一度間違えた分岐点まで戻す事って、なかなか出来ないですよね。そんな時に先ほどの問いかけは非常に有効です。

傾聴スキルをしっかりと実践できる様になれば、「こんな事、他の人に言った事ないんだけど…」という、あなたにしか相談できない事も言ってくれる様になります。

ちなみに、ここまで読んでみて、いかがですか。もし私があなたの目の前にいたら、この様に聴いてみたいです。知っている事もあったかもしれませんが、実践できているでしょうか。実践を繰り返すことにより「これってこういう事だったんだ」という新たな気づきを得る事ができますので、実践を繰り返しながら、再度読んで頂ければと思います。

CHAPTER
6
SIX

聴くスキル③

相手の本音に迫るスキル

「ホンネに近づいてきているけど、ここから先が聴き出せない・・・」という事なく、相手の潜在的欲求にアプローチする方法と、相手に耳を広げた状態で聴いてもらう方法をこの章でご紹介しています。

相手の本音に迫れる
なぜですか？
どうするのがいいでしょう？
話が広がらない、深まらない
ですよねー

CHAPTER 6 SIX

本音はどこに眠っているか？

私はコンサルタントという立場で仕事をしていますので、「相談したい」という言葉でご依頼をお受けする事が多いです。しかし私が感じるのは、

「『相談したい』は、本当に相談したい、なのか？」

という事です。よく分からない日本語ですが、参考として次頁の図をご覧ください。

「相談したい」には、この図に限らず、たくさんの要素が含まれています。

- **違和感を覚える時（何に引っかかっているのか、整理できない様な状況）**
- **思考整理できていない時（モヤモヤしている。なんか気持ち悪い…）**
- **解決法が分からない時（問題は明確、でもどう進めていけば良いか分からない）**
- **解決法は明確だが、なぜか行動できない時（「解釈」のどこかに問題がある時）**

ほかにも、「これで良いのかどうか確認したい」というのもありますよね。これらを全て、「相談したい」という表現で伝えられます。

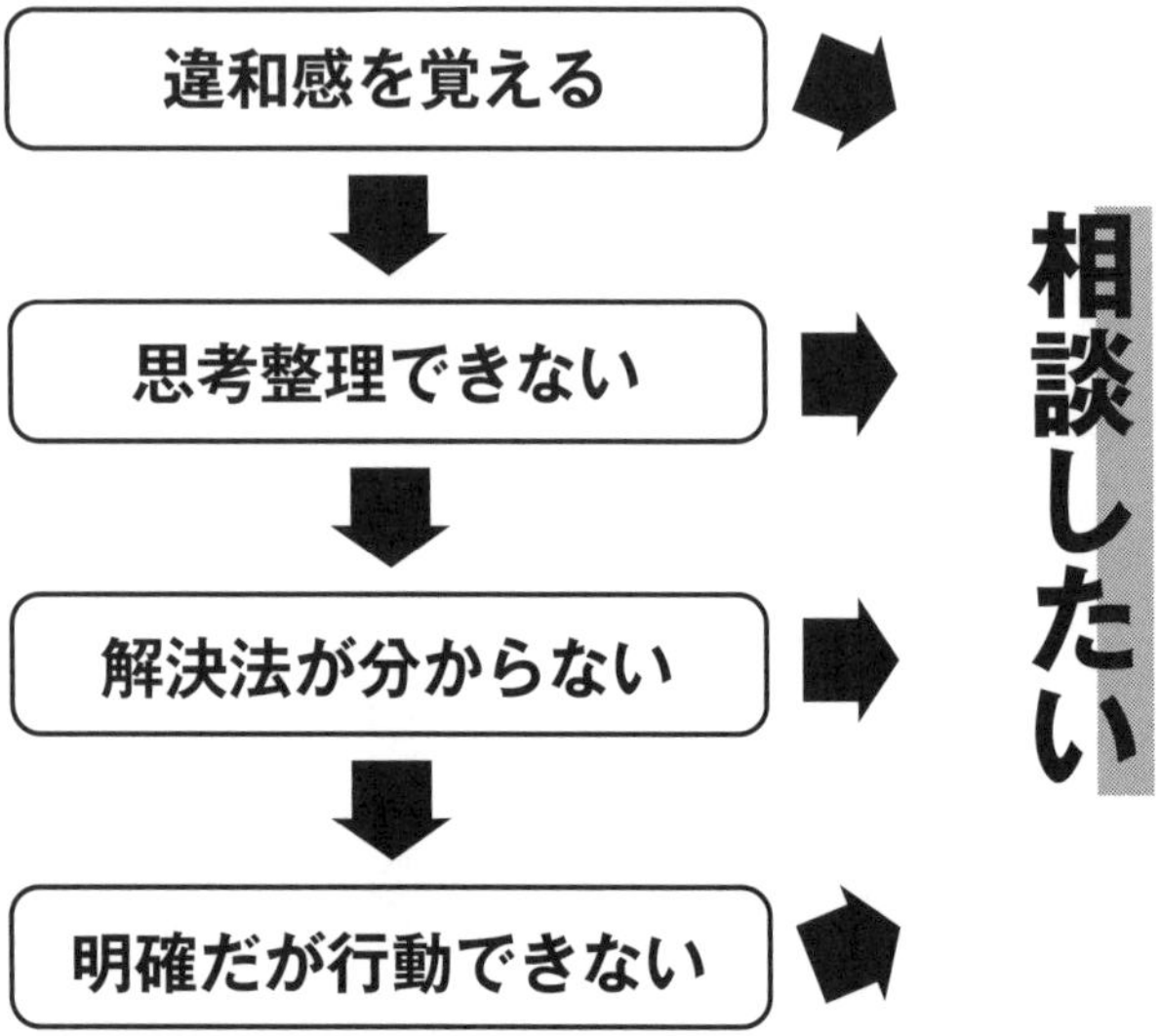

私たちは、誰かに話をする時、

- **いつも答えを求めている訳ではない**
- **ただ話し相手になって欲しい時もある**
- **お互いのアイデアを出し合う事でクリアになる時もある**

と、様々です。

その背景のなか、私が特に思うのは、

【表面的な言葉に囚われてはいけない】

という事です。

表面的な言葉に囚われてしまうと、そもそもの目的を見逃してしまいます。たとえば、以前にこの様なご相談をお受けする事がありました。

「新規取引先を増やしていきたいんだ」

この様に聴くと、新規取引先を増やす為の取り組みをご提案するのが一般的でしょう。しかし、この言葉を鵜呑みにせずに、傾聴を深めていく必要があります。

参考に、傾聴を深めた会話事例をご覧ください。

私「どうして新規取引先を増やしたいとお考えなのでしょうか」

社長「そりゃ、売上を増やしていきたいからね」

私「そりゃそうですよね。とは言いましても、売上を上げる方法としましては、他にも考えられると思うんです。たとえば、購入頻度を増やす、いわゆるリピートを増やす事もそうですし、客単価を上げる事も売上アップにつながりますし。他の選択肢があるなかで、どうして新規取引先を、と考えられたのでしょうか」

社長「まさに仰る通りで、本当は他にも販売したいサービスはあるし、リピート率を上げていきたいんです。ですがそこは難しいというか、営業任せになっている事なので、取引先を増やすほうが売上を上げるには会社としても攻めていきやすくて」

私「なるほど、そう言う背景があるんですね。ちなみに、営業任せと仰いましたが、具体的にはどういう事なのでしょうか」

社長「営業任せというよりも、会社として何もしていないという方が正しいです」

私「何もしていない、どういう事ですか」

社長「見て学べ、と言っても、見ただけではなかなか学んでくれなくて。とにかく営業が育たないんだよ」

私「見て学ばせているものの、営業が育たないという事なんですか」

社長「そうなんだよ」

私「ちなみに営業さんは現在何名おられるのでしょうか」

社長「今は、8人だね」

私「今は、と言いますと？」

社長「12月で2人辞めるから、それ以降は6人になるんだよ」

私「6人、そう言う事ですね。ちなみに営業が育たないとの事ですが、とは言っても、営業の6名が全員、育たないという事でもない様に思うのですが…」

社長「ベテランはある程度仕事をこなしてくれるんだけど、若手がなかなか育たなくて」

私「若手が育たないという事ですね」

社長「ベテランと同行で回らせて、見て学んでもらう様にしてるんだけど、ベテランも感覚で仕事をしているから、それがなかなか若手営業に伝わらないみたいで」

私「ここまでを整理しますと、ベテラン営業は相応に機能しているけど、若手営業は育たないまま、という事ですかね」

社長「そうなんだよ。会社の未来を考えると、やはり若手の教育は必要だし」

私「未来を見据えて、と言う事ですね」

社長「そうなんだ」

私「なるほど、理解が少しずつ深まってきました。ここまで色々とお話頂きましたが、改めていま社長がもっとも解決したい課題というのは、何になるのでしょうか」

社長「新規客獲得は今しばらくの売上の為には必要だけど、**本当は営業の教育に力を入れていきたいんだ**」

（※省略すべき会話は省略しています）

傾聴を深める事で、問題の根源が見えてきました。最初は「新規獲得が…」と言っていましたが、営業パーソンを育てる事が根本的な課題であることを**【社長本人の口から】**言われました。第1章で**「言葉は発した本人にもっとも作用する」**とお伝えしましたが、本人に言ってもらう事により、その言葉がより本人に作用する様になります。

ただここで考えなければならないのは、**この社長自体が自分の本音を見ようとしていたかどうかなのです。**目を向けたくない事実であれば、見ようとしていなかったのかもしれません。となると、この様に傾聴を深めていかない限り、話し手も聴き手も、根本的な問題に触れる事も気づく事もなく会話が終わってしまう事がよくあります。こうなると、出口のない話し合いになりますよね。

情報量を多くする事も大切かもしれませんが、相手の本音を理解する為には、情報の質を求めていかなければなりません。その為に大切なのは、次々と質問を変える事ではなく、目の前の方が言われた言葉をさらに深掘りしていく事です。先ほどの会話も、いっさい誘導していません。社長ご本人がご自身の意志で発した言葉です。

参考に触れておきますと、この会話には第4章でご紹介した「一般化」「歪曲」「省略」もこの会話に含まれていますし、それに対しては具体的に深掘り質問もしています。第5章でお伝えしました傾聴スキルもこの会話に含まれています。私は相手にリズムよく、かつ話したい事を話してもらう様に、ペースメーカー的な立ち位置で、相づちや問いかけを行っています。いたってシンプルです。

目の前の方ご自身の本音に気づいてもらう様な傾聴ができれば、「また会いたい」と思ってもらえる可能性が高くなりますよね。傾聴を深める事で、話している自分の想いに気がつける。日常生活ではそんな経験をする事はなかなかありません。もしそんな事をしてくれる人があなたの前にいたら、どんな気分になりますかね。自分の気持ちに気づかせてくれる相手になれたら、それだけで大きな意義が生まれますね。

CHAPTER 6 SIX 「どういう事ですか?」の活用法

先ほどの会話でも、

「営業任せというよりも、会社として何もしていないという方が正しいです」

「どういう事ですか」

というやり取りがありました。目の前の方が何か発した時にありがちなのが、「そうですよね」や「そりゃ、仕方ないですよね」という「ですよね返答」です。この様な返答をしてしまうと、目の前の方は「そうなんです」と回答する可能性が高くなりますし、会話が膨らむことなく終わってしまいます。悪く言うなら、聴き手自らが会話を終わらせてしまっているという事ですね。

「新規取引先を増やしたいんだよ」に疑問を持たず、「そうですよね」という回答。

「資料作りが大変なんだよ」「そりゃそうですよね」

「部下の教育に手を焼いていて」「(大変でしょうから) そりゃ大変ですよね」

この様に回答するのはカンタンです。ですが回答がカンタンな分、会話が広がりませんし、相手の本音も見えません。

相手の本音が見えない時はありますよね。そんな時は、

「先ほど○○と仰い (言い) ましたが、それってどういう事ですか?」と、

【直前に言われた言葉を含めて「どう言う事ですか?」】

とお聴きすると、その続きを話してもらいやすくなります。ほかにも、

「具体的には?」「先ほど○○と仰いましたが、具体的にどういう事ですか」

という問いかけも、相手の考えを深くお聴きする事ができます。この質問により、少し前に話された話題まで巻き戻してお聴きする事も可能になります。

日常会話でときどきお聴きする事なのですが、

「あの人はあまり話してくれない人だ」

という話。これは本当にそうなのでしょうか。もともと口数が少ない方でも、自分に興味

を持って聴いてくれる方にはある程度、心を開いて話してくれます。

傾聴が上手くいかない理由の1つとして、「質問量を増やすだけのアプローチ」をしている事があります。そんな時は、ここまでの会話を振り返ってみて、

「そう言えば、先ほどのこの情報はもう少し深く聴かないと理解できないな」

と思う事があれば、先ほどご紹介したような問いかけでさらに深掘り質問をしてみてください。ラポールを築く事も意識的に取り組んでみてくださいね。

CHAPTER 6 SIX 「なぜ○○なんですか？」はくどい位、活用しよう

相談を持ち掛けられる時は、なにか「実現したい事（目的）」があるから相談されます。

そしてそのような相談をされた時には、

「じゃあ、どう進めていくかご一緒に考えましょう」「どう進めていくか教えますよ」

みたいな返答になりがちです。たとえば、「新規顧客の獲得が課題です」と言われると、

「では新規獲得の方法をお伝えします」「ご一緒に考えましょう」みたいなイメージです。

しかし、この様にすぐに「具体策」に進めてしまうと、実は課題解決の為の最短ルートではない道に進んでしまう事がよくあります。次頁の図をご覧ください。

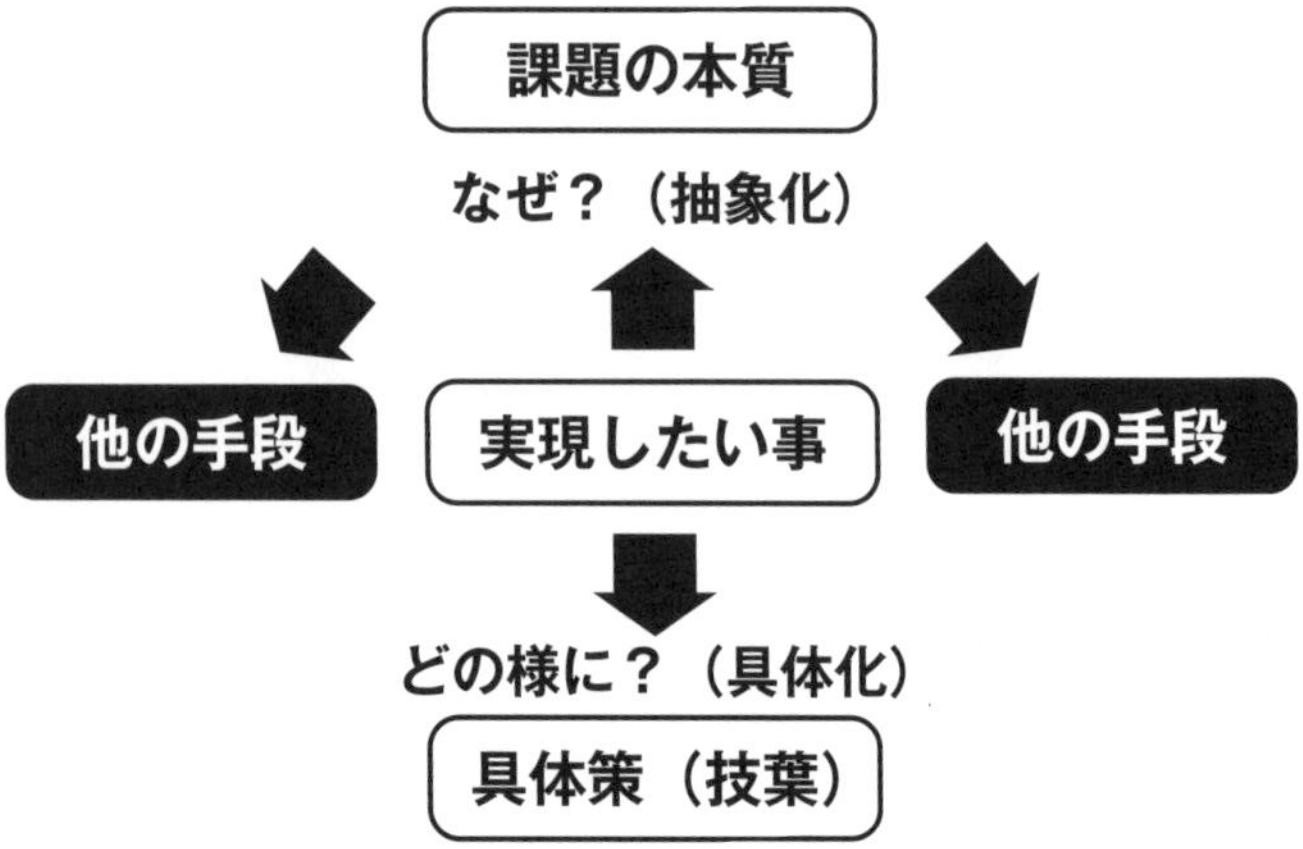

先ほどの事例で言いますと、

- **新規顧客を獲得したい**
- **「なぜ？」↓売上を上げたいから**
- **他の手段があるのに、なぜ新規顧客を？**
- **本当は営業の教育をしたいが、諦めていた**
- **でもやはり、営業を育てていきたい**

というお話でした。これと同様に、

「なぜ○○なのですか？」

という問いかけは、とても重要です。「なぜ？」を質問する事によって1階層上の「課題の本質」にアプローチする事ができます。今回のケースで言いますと、

「営業を教育できれば、客単価アップも、リピート率アップも図れる」

から、全て解決という事になります。

という風に、「なぜ」の質問をするだけで、課題

の本質を見出せます。しかし、この「なぜ」を質問せずに、枝葉の具体策に会話を移してしまう事がよくあります。そうなると、理想的ではない枝葉的な取り組みを進めてしまう事になりますし、それを実行したところで、

「あれっ、具体的に考えたものの、何か違う気がする…」

という事にもなり兼ねません。

一辺倒に「なぜ?」「なぜ?」ばかりを使っていると、「なぜなぜマン」になってしまいますよね。同じ事ばかり言っていると

「こいつと話していても心を感じないな…」

と心のなかで思われてしまいます。なので、目の前の方の欲求がハッキリと見えない時に、適度に「なぜ」を活用するのが良いと思います。また、一度の「なぜ」では本質まで行き届かない事があります。その場合は、さらに深く聴いてみましょう。

念の為にお伝えしますと、「なぜ」を使う事が大切なのではありません。相手の本質的課題を知る事が大切であり、他の問いかけでももちろん良いと思います。たとえばですが、

「何を目的にされているのですか?」

「他にも何か考えられたのなら、ぜひお聞かせください」

のような問いかけも有効ですよね。ちょっと言い方を変えるだけで印象が変わります。目の前の方と2人だけで話していると、お互いに客観視できなくなる事があります（客観視出来ていない事にさえ気づかない事も）。そんな時はお互いに立ち止まる意味でも、

「ここまで、いったん整理しましょうか」

など、俯瞰する時間を定期的に持つように心がけるのも良いかと思います。

CHAPTER 6 SIX

「もう少し詳しく聴かせてもらえませんか？」

分からない時は、想像するのではなく、聴くのが一番です。というか、分からないのに相手の事を想像する事がズレの火種になります。いたってシンプルな問いかけですが、

「(〇〇について) もう少し詳しく聴かせてもらえませんか？」

というオープンクエスチョンも、理解を深める事ができる問いかけです。

例えばですが、ここまでの相手の説明で
「理解できた、かもしれない…」

と思う事もあるかもしれません。そんな時は「もう少し詳しく…」という問いかけを活

用する事で、相手の考えおよび自分の理解度を共に深める事ができます。

スケッチする感覚で傾聴を進めてみましょう、とお伝えさせて頂きましたが、スケッチの完成度が低い所をこの様な質問で深掘りしていく事ができます。また、何を聴いてよいのか分からなくなった時なども、この問いかけを活用する事ができます。

私はもっとストレートに聴く事もあります。具体的には、

「○○さんに対する理解をもっと深めたいので、もう少し詳しく聴きたいのですが…」

みたいな感じです。こんな風に言われて、イヤな気分になる人はいないのではないでしょうか。自分に興味を持っている人を嫌がる事は基本的にいませんよね。

CHAPTER 6 SIX

良くない方向に向かっている時の対処法

傾聴をしていると、

「そのまま進むと良くない結果になるのでは…」

と、聴き手側が察する事もあるかと思います。とは言っても、相手との関係によっては、

「それはダメだよ」「それは今すぐ辞めるべきですよ」

と、直接的な指示をする訳にもいかない事があります。仮にそう言える相手であっても

「そうですよね」

相手はこの様に回答をしつつも、半ば聞き流して行動に移さない事があります。

こういった時も、相手が主体的に問題を発見して頂く事が大切であり、目の前の方が自分の言葉、自分の思考の中でこの問題に気づく必要があります。参考に、

「あまり深く考えずに次々と行動をする部下と、その上司」との会話をご覧ください。

部下「○○が上手く行かなかったので、次は△△をやってみようと思ってます」

上司「○○が良くなかったから△△か」

部下「○○は行けると思ったんですけどね。ダメだったので諦めます」

上司「どうして○○は行けると思ったの？」

部下「いえ、何となく…です」

上司「何となくで○○をやって、成果が出なかったから△△をする、という事かな」

部下「結果を求めていかないといけないので、早く△△に着手しなくちゃいけないと…」

上司「どんどんチャレンジする事は素晴らしいね。ただそのチャレンジをより良いものにする為には、どうしたら良いと思う？」

部下「どうしたら、ですか。うーん、ちょっと分からないです」

上司「じゃあ、今回○○が上手く行かなかった理由って、何なのかな？」

部下「なんでしょうね」

上司「たしか、○○の前には、□□をやっていたよね」

部下「あー、そうでしたね」

上司「前回も、□□がダメなら次の手を、と言っていたけど、今回も同じ様な事を言っている様に感じるけど、どうかな？」

部下「たしかに、同じ事を言っています」

上司「そのまま同じパターンで続けていくと、どうなるかな？」

部下「あー。また同じように失敗に終わる可能性があるかもしれません」

上司「それって、望む事じゃないと思うんだ」

部下「そうですね、たしかに」

上司「じゃあ今回、今までと進め方を何か変えるとしたら、どんな事ができるかな？」

部下「そうですね。**うまく行かなかった原因さえ明確になっていないので…**」

上司「たしかにそうだね。じゃあ最初の一歩として、今までの取り組みが上手く行かなかった理由を考えてみるのはどう？」

部下「そうですね。でないと、また同じ事を繰り返すかもしれません」

多少時間はかかるかもしれませんし、上司からすると、ガマン比べの時間かもしれないですね。でもそれは相手の長期的成長を考えると、必要な時間です。

問題未解決の根源（失敗理由を分析し、次回以降に活かす）を、自分の言葉で言ってくれました。ここまでは、部下は心が開いた状態で会話が出来ていると思います。この先の話は、さほど難しくないでしょう。もし高圧的なアプローチだと、「わかりました」という気のない返事だけで、心を閉ざしたままになっちゃいます。この違いは大きいですよね。

ポジティブな事に対し発言してもらう事も大切ですが、未来に対して明るいイメージを持てないのであれば、本人がその現実に気づく必要があります。先回りして「ダメだよ」と伝えても、本人は納得しません。きっと「でもやりたい」と言うでしょう。一時的に納得しても、「指示待ち部下」を生み出すだけのアプローチになってしまいます。考える機会を提供する事が大切ですね。

関係性にもよりますが、目の前の方がより主体的に取り組む様な接し方はとても大切です。その為には、本人が言葉を発してもらう事です。傾聴する側が目の前の方にできる事があるとするなら、過去から現在までの経緯を言語化する事です。それが会話の滑走路みたいなイメージとなり、続きを話してもらいやすくなります。その上で、相手に意志ある言葉を発してもらう事が大切ですね。

CHAPTER 6 SIX 「他には？」「ご意向に沿っていますか？」

なにか質問をされると、答えやすい事から答えるものです。答えやすいものとは、「カンタンに頭に思いつく事」です。悩みを聴かれる時も同様です。また美容室さんのシチュエーションで考えてみましょう。

美容室に行っている時は、どの様な心情でしょうか。監督から「丸坊主にしてこい」と言われていない限りは、きっととても良い気分で美容室に行っていますよね。となると、

「なにかお悩みはありますか？」

と問われても、良い気分なので日常生活に潜んでいるお悩み事はすぐに出てきません。そんな時に出てくる返答は、

「そう言えば最近抜け毛が増えた気がする」「歳と共に少し毛が細くなった気がする」と言うかもしれません。ただ、これらのひと言目に発する悩みは、本当の悩みでしょうか。おそらくですが、思いつきやすい事を言っただけでしょう。

という心のメカニズムを理解していなければ、お客さんが発した言葉に美容師さんは引っ掛かってしまい、

「抜け毛ケアで良いものありますよ」と、お客さんがさほど求めていないモノを勧めてしまう事も起こり得ます。そうなるとお客さんは「そんなの求めてないし」と思ってしまい、余計なセールスで心を閉ざしてしまいます。でも美容師さんは「悩んでるって言ったのはあなたでしょ…」みたいに、かみ合わない状態になってしまいます。噛み合わなければ、美容師さんにとってもお客さんにとっても、良い事は何もないですよね。

目の前の方には、大きな悩み、小さな悩みと様々あり、それらの**お悩みおよび欲求を出し切ってもらう必要があります。**

目の前の相手とどの様な関係性であっても、たいていの場合、ひと言目に発する言葉は

本当の意見ではない事が多いです。ここまでにご紹介した会話事例でも、表面的な言葉の後ろに、本質的な悩みが潜んでいたというケースがあったと思います。

私はよく、

- **「他にはありますか?」**
- **「ここまで、ご意向に沿っていますか?」**

という問いかけをします。「他には」という問いかけはよく言われる事ですよね。大切なのは、それらを本当に活用できているかどうかです。

「他には?」を問いかけると、その後すぐに返答が来る事もあれば、「う〜ん…」と少し考えて、思考を絞り切って発言される事もあります。それまでに色々と話してくれていると思いますが、言葉は発した本人に最も作用しますので、「他には」の問いかけにより、ここまで発言した関係の事、もしくは、実は日ごろから悩み続けていた事を思い出して話してくれるという事があります。そして沈黙時は、相手が話し出すまでひたすらガマンですね。音がない空間ですが、相手の頭の中は過去の回想で忙しいのです。

ここでも、第5章でお伝えさせて頂いた「呼び水テクニック」も活用できます。

「例えば」「自分の経験」「他者事例」「一般論として多いのが」ですね。

「○○さんの様な立場の方で、よく△△の様な事を言われる事もよくありますね」

「他の部下から、こんな相談を受けた事があるけど、こういった事ってあるのかな」

「○○さんの様な要望を言われる方には、一緒に△△の様な事を望まれる方が多くて…」

こんなイメージです。

こういう問いかけをすると、「あー、そう言えば…」と、他にも伝えたい事を言ってもらいやすくなります。


「他にはありますか」と同じくらい活用する事ができるのが、

「ここまで、ご意向に沿っていますか」

という問いかけです。会話の入口からボタンのかけ違いになると、適切なゴールにたどり着きません。入口だけでなく、途中で道を踏み外してしまう事もありますが、意外とそれに気づけないものです。目の前の相手は、あなたからの問いかけに応じますので、気がつけば聴き手側が聴きたい事を聴いていて、話し手からすると、まったく望んでいない方向に進んでいる事もあります。「こんな話をしたい訳じゃないのに…」と心のなかで言われている状態ですね。

「正しく進めている」と聴き手が思っていても、それを決めるのは話し手側です。相手をコントロールする事が傾聴ではありません。会話の現在地、およびここまでのプロセスが正しく進めているかを確認する為に「ここまで、ご意向に沿っていますか」もしくは、「○○さんにとって理想的な時間になっていますか」という問いかけなども活用する事ができます。仮に正しく進めているとしても、ここまで丁寧に対応をしていると、相手はより心を開いてくれる様になるのではないでしょうか。

うまく聴けている自分に酔っちゃうと、いきなり道を踏み外してしまいます。私もそんな経験がありますが、要注意ですね。

CHAPTER 6 SIX

伝えたい事を相手に受け入れてもらう伝え方

伝え方って、本当に難しいですよね。よくあるのが、

「前に言ったよね？」とか「もう何度も伝えているよね？」

と言う、「伝え損」とも言える事例です。

これらの問題の根源は、「(自分が) 言った・伝えた」という事に固執している事です。本当に大切な事なので何度もお伝えしますが「言葉は発した本人に最も作用する」のです。なので、私たちが「言った」としても、目の前の方が言っていないと、あまり意味を為しません。

伝える時は、相手の耳と心が広がっている事が大切です。大切というより、必須という方が分かりやすいかもしれないですね。結局は、伝えた時にその言葉が相手にどれだけ作用するか。これがポイントになってきます。

私は相手とどんな関係であれ、こちらから話したい時は、こう言います。

「少しお話させてもらってもいいですか」

こう伝えると、相手は聴く体制になってくれます。逆にこれを言わずに、なんとなく話してしまうと、なんとなく聴かれるだけです。

目の前の方は、それまでたくさん話していました。話す側のリズムのままなのです、アクセルを踏みっぱなしというイメージですね。そんな時には、「聴きますよスイッチ」を入れていただく必要がありますし、聴く準備を整えてもらう事が大切です。アクセルに対し、これがブレーキの作用になります。アクセルを踏んでいる時は、適切に聴けない、という事ですね。

たった一言、この問いかけをするだけで、相手の受け入れ方が大きく変わります。やった方が良さそう、と思いつつも、意識しないとできない問いかけだと思います。難しさはありませんし、ぜひ活用してみてください。ほかにも、

「少し確認したい事があるのですが、よろしいでしょうか」や、

「ここまでで少し思った事があるのですが、お話してもいいですか？」

という風にもできます。「少し」という単語を入れるだけでも、柔らかく受け入れやすい印象になりませんか。

CHAPTER 6 SIX 長期的良好な関係のための「魚の目」

私が他者のお話をお聴きする時には、「虫の目」「鳥の目」そして「魚の目」という3つの目を持って相手と接する事を意識しています。カンタンに説明しますと、

・虫の目…具体策

・鳥の目…客観的に物事を捉え、「そもそもの目的」から考える
・魚の目…「流れ」を捉える

虫の目、鳥の目はよく言われる事なので割愛しますが、長期的に良好な関係を構築していくためには、魚の目が重要になります。

お客さんでも、部下でも、取引先でも、プライベートのパートナーであっても、相手は必ず変化や成長をしていきます。その変化や成長というのは、実は本人は自覚していない事が多いのです。

私たちには、一貫性のある考え（ポリシーや価値観みたいなもの）があります。しかし私たちは日常生活であらゆる経験を積んでいきます。ポジティブな経験もあれば、ネガティブな経験もあります。それらの経験で、自らの価値観が上書きされる事もあれば、価値観に少し変化が加えられる事もあります。「Aさんはこういう人だ」と思っていても、実は少しずつ変化、成長しているという事ですね。

他者と接していて、こう思う事はありませんか。
「Aさん、最近すごい成長している感じがする」

「Aさん、以前と比べると、このあたりが変わった気がする」

こう言った事は、実はAさん自体は自覚していない事が意外と多いのです。そして私たち聴き手側は、それを本人に気づかせる事ができる唯一の人でもあります。

長いお付き合いとなると、この様な変化、成長の流れを感じる事ができます。何となく会話をしている時に、その変化、成長を感じた時には、

「Aさんはよくこの様な事を言っておられましたが、最近は~に変化してきてますね」

という問いかけをしてみてください。そう問いかけると、

「そうなんだよ、以前にこんな事があってから…」とか、「えっ、ほんとに!?」とか、

「実は数年前から気になる事があって…」

と、さらに自らの考えを話してくれる様になります。そしてこの発言には、自らの大切な考え方の源が含まれている事がよくあります。こういった事も言語化しないと自分の変化に気づけないものです。

聴き手側からすると、相手自らが自分の想いを話してもらう促進剤的な問いかけをする事で、聴き手は自分の変化や大切にしている事を再認識してくれます。長期的に良好な関

係を構築するには、こういった問いかけも非常に重要です。直接的に何かの作用を起こす問いかけではありませんが、長期的には目の前の方が大きな気付きを得られるはずです。

ほかにも、

「Aさんはいつもこういった事を基準に、決断をされていますね」

という問いかけも、本人が「確かにそうかも。自分はそういう事を大切にしている」と、自分に気づく事ができます。そうなると、ご本人が気づいていなかった決断基準が明確になります。いわゆる、ポジティブフィードバックにもなりますね。

CHAPTER 6 SIX その他、深掘り傾聴に活用できる問いかけ

デリケートな内容、聴いてよいのかどうか分からない事、見えない相手の価値観を深掘りする為に活用できる、その他の問いかけをご紹介します。

- **「共通点はありますか？」**
- **「言える範囲内で結構ですので」**
- **「○○については、お聴きしても良いのでしょうか」**

まず「共通点はありますか？」は、第1章の部下の転職相談の時に使っていますので、具体的にはそちらをご覧ください。私たちは相手の価値観のすべてを理解する事は困難だと思います。聴かない限り出てこないマニアックな趣味を持っている人もいれば、どうしてもこれだけは譲れないという正義感的な考えを持っている人もいます。そんな時にこの質問を活用する事ができます。

たとえばですが、あなたに質問です。

「今まで何度もダイエットしてきたとの事ですが、ダイエットに成功した時の共通点って、何かありますか？」

こう問われると、いかがでしょうか。ダイエット経験者であれば、きっと過去を思い出して考えると思います。そして、ちょっと考えてもすぐに答えは出ないですよね。じっくり考えた結果、共通点が浮かぶかもしれません。ここでは考える事がとても重要ですし、この問いかけにより目の前の方は自らの考えを深めてくれます。

私たちは日常で、わざわざ「共通点」を探す事はありません。内省する習慣を持っている方であれば考えるかもしれませんが、何気ない日常に対してはさほど考えませんよね。長くお付き合いしている方に対しては、その共通点に気づく事があるかもしれません。その時はひとつ前にご紹介した「魚の目」で、本人に伝えてあげる事ができます。でも、本人だけが知っている事は言葉にしてもらわないと出てきませんので、お互いに思考を深める為にもこの質問は有効だと思います。

そして次に、

「言える範囲内で結構ですので」「○○についてては、お聴きしても良いのでしょうか」

この2つも有効な問いかけです。「これって聴いて良いのかなあ？」と、相手に対して思ってしまい、聴けずじまいになった経験はありませんか？たとえば、会社の売上とか、社長の給料とか、男女関係とか、その遍歴とか、色々ありますよね。そんな時に、

「社長、会社の売上ってお聴きしても良いのでしょうか」

「離婚のご経験があるとの事ですが、そのあたりは詳しくお聴きしてよいのでしょうか」

離婚経験を詳しく聴きたい事があるかどうかは不明ですが、相手との関係性次第では聴かなくちゃいけない事もあるかもしれませんね。この様な質問をして、

「あー、別に構わないよ」と答えてくれたら、その続きをお聴きする事ができます。そ

うではなく、「それはあまり言わない様にしているんだ」なら、「分かりました」だけで終わる事ができます。この点はデリケートな事なんだ、と分かるだけでも、今後の対応が変わってきますよね。

相手に聴かなければ分からない事ってたくさんありますよね。普通に聴ける事はともかく、聴いて良いかどうか分からない微妙な所については、相手次第の判断になります。土足で相手の懐（ふところ）に入って、デッドボールのような球を投げたら、その後の関係が複雑になりますので、聴く前に許可を取るというステップも心がけてみてくださいね。

CHAPTER 6 SIX

傾聴のゴールを定めよう

ご相談をお受けする時というのは、いわばスタートです。相談後に目指したいゴールが必ずあります。ただこのゴール、相談者自体が見誤っている、もしくは明確になり切っていない事がよくあります。

ゴールが定まっていなければ、暗中模索の不毛な会話が続くだけになってしまいます。聴き手はまず、ゴールを明確にしなければなりません。

私がご相談をお受けする時は、まず現状をお聴きします。現状をお聞きすると、必ず過去のお話が関連づいて出てきます。過去からの取り組み経緯、思考プロセスなどです。それらをまずお話いただいた上で、

「現在、その様な状況との事ですが、その上で○○さんはどうなる事が理想的ですか」

とお聞きします。些細なちがいですが、「どうなる」「どうする」この違いは、計り知れないくらい大きくなります。

「どうなる」は、ご相談後の状態を示します。いっぽう「どうする」は、この相談時間をどう活用するかを求めています。

・**「どうなる」→相談後の状態（ゴール）**
・**「どうする」→相談時間の活用法（プロセス）**

より有意義な時間になるのは、ゴールを見据えた時間を過ごす事ですよね。プロセスにばかり気を取られていると、目指す所を見失ってしまい、ただ単に楽しい時間になってしまうかもしれません。

もし相談を受ける立場の方であれば、会話の冒頭から、

「今日はどんな事を相談したいか」

と聴くと、目の前の相手が取ってつけたような相談内容が出てくる事がよくあります。イメージで言うと、「いくつかある相談内容のうちの1つ」と言う感じですかね。となると、相談で扱う課題が、本来扱うべき課題ではないものになってしまう事がよくあります。これが、相談者が課題を見誤ってしまう大きな理由の1つです。

スポーツでもなんでも、ウォーミングアップが必要です。それは会話の冒頭も同じです。

・相談内容を聴くのはいったん脇に置いておき、現状（最近のできごと前後の事）を聴く

・どの様な事が起こったのか（事実）、また、それに対して思った事（解釈）を聴く

・ここでも「他には」など、とにかく事実と解釈を出し切ってもらう

・これらのステップを経たうえで、「どうなるのが理想的か」を聴く

この様にする方が、より理想的な時間を過ごす事ができます。

ご相談前のアイスブレイク的な会話は、その時間だけを見れば時間のムダに見えるかもしれません。しかし目の前の方の脳を動かしてもらい、

「実は本当はこの事について整理したかった」

という要素を思い出してもらう為にとても大切な時間になります。

あなたと話したいと思っている人には、必ず何らかの目的があります。なので、

「この時間が、相手にとってどの様な時間になるのが最も理想的なのか」

「相手は、自分と話をする事によって、何を得る事を望んでいるのか」

これらを最初にしっかりと確認しなければなりません。その目的を共有する事が、その時間の質を高めてくれます。

商談などであれば、自ずとゴールを設定しているはずです。ですが傾聴（相談など）となると、なんとなく感覚的にやってしまう事もあると思います。会話の前に「どこに到達する事がゴールなのか」をしっかり見定めて、目の前の方との時間を意義あるものにしていきたいですね。

なぜ、話すのが苦手な人でもセールス力が高い人がいるのか。このご時世、マシンガントークで人を動かす事は困難になっています。人の心を心底から動かすためには、相手を深く理解する必要がありますし、相手が前のめりになっている事が大切です。それができ

る唯一のスキルが傾聴力ではないかと私は思いますが、あなたはどう思いますか。いずれにしましても、他者を変えるには、自分が変わる事が必然ですね。

For a Finale 最後に

傾聴が得意？苦手？すべてはこれで決まる

私がコンサルティング依頼を頂く内容としまして、傾聴スキル研修はもちろんの事、経営者さんのエグゼクティブコーチング（壁打ち相手に近いイメージ）や、中小企業さんの管理職教育（マネジメントスキル）、ビジネスモデルの最適化（マーケティング支援）などがあります。いずれにしましても「主体性」、言い換えるなら「さらに自分らしく飛躍する」という事をメインテーマにしています。

なぜ傾聴が必要なのか。それは、誰もが自分自身の考えと向き合い切れていないからです。本文内で「9割聴く」と書きましたが、私たちは日常生活において、自らの考えをアウトプットする機会を十分に取れていません。その時間を確保するだけで、自らが望む最短距離でゴールに向かえる様になっていき、自らの秘めた可能性に気付く事ができます。

もし、傾聴が得意になるポイントが1つあるとするなら、

「二番手に徹する」

For a Finale

最後に

という事だと思います。二番手キャラというのは、指導者の次に位置するキャラというイメージです。一番手の意向を理解し、それに伴い進めていく。これが二番手の役割ですよね。それと同様に、傾聴時においては、立場に関係なく自分を完全に消し切り、相手の意向を徹底的に理解する事が役割です。日頃は、自分は人生の主役として過ごしていると思いますが、特に傾聴時においては、二番手の自分と一番手の自分を混在させずにしっかりと使い分ける事がポイントです。

傾聴時に「自分が主役」というキャラを少しでも出してしまうと、エゴであったり、承認欲求であったり、相手が望まない助言や振る舞いが出てしまいます。もし「脇役」として振る舞っていれば、自分の出番待ちする事もありますよね。しかし、傾聴時は主役でも脇役でもなく、完全なる黒子、いわゆる裏方なのです。

傾聴というと、さほど強くないスキルの様に思われる事もあります。ですが、目の前の方をどれだけ輝かせる事ができるかは、あなた次第なのです。傾聴力を高めることにより、他者の未知なる可能性を見出せる様になり、かけがえのないパートナーとして選ばれ続ける様になります。まさに二人三脚の実現ですよね。

この本に書かせていただいた事は、私が多くの年月を通し、学びと実践という改善検証を繰り返し、体得してきた内容です。今は特に意識せずとも感覚的にできる所まで昇華していますが、最初からその様な状態ではありませんでした。1つだけを意識して取り組み、それをものに出来れば次の1つを意識して取り組む、と言う事を積み重ねた結果、現状があります。自らの血肉にするためにも、ぜひインプット（学び）とアウトプット（行動）を何度も繰り返しながらお読み頂きたいと願っています。

最後までお読みいただきまして、本当にありがとうございました。この本を手に取って頂いた方への感謝はもちろんですが、この出版に関わって頂いた多くの方に心から感謝しています。傾聴においても、目の前の方に感謝の想いを持ちながら進めていくと、うまく行きます。何事においても、1人で完結する事はほとんどありません。気付かせてくれるのも他者ですし、協力してくれるのも他者です。

あなたが「さらに関係性をさらに良くしたい」と思っている方とかけがえのない関係になることを心から願っています。

林田康裕（はやしだ・やすひろ）

株式会社わだちコンサルティング 代表取締役。

伴走型コンサルタント。

相手の想いを根源から引き出す傾聴スキルをベースとし、
・営業パーソン vs お客さん（営業力）
・接客の仕事 vs お客さん（カウンセリング）
・経営者 / 上司 vs 部下（マネジメント）
など、主体性を伸ばしながら関係性改善の支援を行う。


略歴：外資系メーカーにて約１０年勤務。東京本社にて営業チームのマネジメントを行うなかで、部下が自発的に動き出すための関わり方を学ぶ。

企業に対し継続コンサルティングおよび企業研修を伴走スタイルで提供する。

２０２２年９月に「契約が継続する独立系コンサルタントの働き方」を出版。

また「月刊人事マネジメント」をはじめ人材育成、リーダーシップ等をテーマにした寄稿を重ねる。専門領域は人材教育とマーケティング。

１９７４年生まれ。１９９７年関西外国語大学外国語学部英米語学科卒業
本名は林田泰明（はやしだやすあき）。

https://ltv-design.com/

人《ひと》を動《うご》かす傾聴力《けいちょうりょく》

2024年２月26日　初版発行
2024年10月10日　３刷発行

著　者　林　田　康　裕
発行者　和　田　智　明
発行所　株式会社　ぱ る 出 版

〒160-0011　東京都新宿区若葉１-９-16
03(3353)2835－代表
03(3353)2826－FAX
印刷・製本　中央精版印刷(株)
本書籍に関するお問い合わせ、ご連絡は下記にて承ります。
https://www.pal-pub.jp/contact

落丁・乱丁本は、お取り替えいたします

ISBN978-4-8272-1433-8　C0034